Gewinner von morgen
handeln heute

Rainer Kurek | Sabine Schindler

Gewinner von morgen handeln heute

Erfolgsstrategien für Zulieferunternehmen

Mit einem Vorwort
von Fredmund Malik

Deutsche Verlags-Anstalt
Stuttgart München

Die Deutsche Bibliothek – CIP-Einheitsaufnahme
Ein Titeldatensatz für diese Publikation ist bei
Der Deutschen Bibliothek erhältlich

© 2002 by Deutsche Verlags-Anstalt GmbH
Stuttgart München
Alle Rechte vorbehalten
Typografie & Satz
schack verlagsherstellung, Dortmund
Druck & Bindearbeit
Friedrich Pustet, Regensburg
ISBN 3-421-05614-5

Inhalt

Vorwort 9

Prolog 13

Das Buch 13
Rainer Kurek 17
Sabine Schindler 22

Kapitel 1 | Die Automobilindustrie
heute – eine Standortbestimmung 27

1. Das Automobil beeinflusst Wirtschaft und
Gesellschaft – damals und heute 28
2. Die Automobilindustrie – eine Welt im Umbruch 30
2.1 Sättigung in den Triademärkten 30
2.2 Branchen-Lebenszyklus 31
Vorspiel 32
Ausscheidungsturnier 33
Finale 34
2.3 Die Automobilindustrie in der Reifephase 35
2.4 Strategische Anpassungsleistungen 39
2.5 So handeln Gewinner von morgen heute –
ein Überblick 42
3. Zusammenfassung 49

KAPITEL 2 | INNOVATIONSKOMPETENZ –
ENTSCHEIDENDER WETTBEWERBSFAKTOR DER ZUKUNFT 51

1. Theoretische Modelle und praktische Umsetzung 52
2. Erfolg in der Automobilindustrie braucht Innovation 54
3. Erfolgsstory VENTREX 57
   3.1 Luftreifenventile 59
   3.2 Klimaanschlussventile 62
   3.3 12 V-Kompressor 63
4. Innovationsführer I&T 66
5. Lessons Learnt 70
6. Zusammenfassung 76

KAPITEL 3 | VERNETZTE ORGANISATIONEN 79

1. Heutige Ertragspotenziale erkennen und nutzen 80
   Analyse der Wettbewerbsstellung nach PIMS 83
   Der Fall: »KE-Partner – Relative Qualität/Relativer Preis« 84
   Ausgangslage 84
   Bewertung 85
   Datensammlung und Analyse 88
   Structure Follows Strategy 93
2. Organisation und Schnittstellenbeherrschung
   im Unternehmen 95
   Der Fall: »Entwicklung eines Konzeptfahrzeugs« 98
   Ausgangslage 98
   Entwicklungskonzept 99
   Angebot als Basis für den Auftrag 100
   Das Funktionendiagramm 104
3. Die Bildung einer Supply Chain 108
4. Zusammenfassung 114

KAPITEL 4 | KOSTOR-STRATEGIE   117

1. Vom erfolgreichen Einzelunternehmen zum
   Mannschaftssystem einer erfolgreichen Lieferkette   118
2. Komplexitätsreduktion   122
   Kommerzielle Selektionskriterien (heute)   124
   Kommerzielle Selektionskriterien (morgen)   124
   Strategische Bedeutung   125
   Komplexitätswirkung   125
   Kultur (Kunden / Lieferantenbeziehung)   125
3. Strategieentwicklung der Supply Chain   129
   3.1 Analysephase   134
   3.2 Optionsphase   137
   3.3 Gestaltungsphase   141
4. Organisationsentwicklung des Teams –
   Hauptherausforderung der Supply Chain   144
   4.1 Vorbemerkungen   144
   4.2 Struktur   148
5. Zusammenfassung   157

KAPITEL 5 | INTEGRIERTE
UNTERNEHMENSKOMMUNIKATION   161

1. Man kann nicht nicht kommunizieren!
   Man darf nicht nicht kommunizieren!   162
2. Kommunikation ist nicht einfach   165
   2.1 Nicht das eine oder das andere, sondern
   alles zusammen   165
   2.2 Kommunikation – ein dominantes System   167
   2.3 Öffentlichkeit und öffentliche Meinung   173

3. Der Blick für's Ganze   176

    3.1 Effektivität und Effizienz durch Integration   176

    3.2 Erst das Bild, dann 1000 Worte   180

4. Warum Kaugummi uns hilft, den Blick zu schärfen – statt einer Zusammenfassung   190

EPILOG | DER KREIS SCHLIESST SICH   193

    Abschließende Zusammenfassung   193

    Automotive Supply Chain – ein Paradigma mit Allgemeingültigkeit?   200

    Am Ziel?!   205

LITERATURVERZEICHNIS   207

ANMERKUNGEN   211

Vorwort

Ich halte dieses Buch aus mehreren Gründen für wichtig. Es lenkt den Blick von der virtuellen auf die reale Welt, von der Finanzwirtschaft auf die Realwirtschaft und vom nur Neuen auf echte Innovation.

Vor lauter fehlgeleiteter Faszination mit der so genannten New Economy übersehen viele, dass wirklich fundamentaler Wandel in viel größerem Umfange in jenen Branchen zu sehen ist, die – fast durchweg vorschnell – als alt und deshalb uninteressant abgetan wurden. Nun, da der Spuk des vermeintlich Neuen Paradigmas jedenfalls ein vorläufiges und in dieser Form wohl endgültiges Ende findet und damit auch die meisten Illusionen verschwinden, tut sich eine viel größere Chance auf, nämlich dorthin zu blicken, wo über das Neue nicht nur geredet, sondern wo es realisiert wird.

Eine dieser Branchen ist die Autoindustrie. Sie ist in relativen Größen noch immer der wichtigste Wirtschaftszweig einer modernen, entwickelten Wirtschaft. Hier werden reale und nicht nur virtuelle Leistungen erbracht, entsteht Wertschöpfung im wirtschaftlichen und nicht nur im finanziellen Sinne und wird Neues vor allem in Kunden- und nicht nur in Shareholder-Value umgesetzt. In historischer Betrachtung ist sie als eine reife Industrie anzusehen. Ihre Problemlösungskraft, wenn auch von Land zu Land verschieden, ist aber von erstaunlicher Dynamik, was von vielen Kommentatoren übersehen, ignoriert oder unterschätzt wird.

Die Automobilindustrie in ihrer Gesamtheit, einschließlich des komplexen Netzes an Zulieferindustrien, ist seit über hundert Jahren in erheblichem Umfang sowohl Ursprung als auch

Anwender von technologischen Durchbrüchen. Das gilt auch für die digitale Revolution. Sie ist Inventor und Innovator zugleich. Und sie ist es beim Produkt ebenso wie bei den Strategien, Organisationsstrukturen und Prozessen für dessen Entwicklung, Herstellung und Vermarktung. Die Automobilindustrie ist somit in vielfältiger Weise Experimentierfeld für Neues. Was hier funktioniert, hat gute Chancen, auch anderswo zu funktionieren. Was hier nicht funktioniert, ist deswegen zwar noch nicht »aus dem Rennen«, braucht aber sehr überzeugende Beweise seiner Brauchbarkeit.

Die Automobilindustrie ist wegen ihrer gesamtwirtschaftlichen Bedeutung auch ursächlich für wirtschaftlichen Aufstieg und Niedergang von Nationen und Wirtschaftsräumen. Das kann am Beispiel der amerikanischen Autoindustrie ebenso studiert werden wie an jenen Japans und Europas. Es kann daher nicht gleichgültig sein, wie gut sie gemanagt ist. Besonderen Respekt verdienen in diesem Zusammenhang die Leistungen der deutschen Unternehmen, die aus den Schwierigkeiten der frühen Neunzigerjahre zu beachtenswerter Leistungskraft gekommen sind und gegenwärtig als weltweit die besten anzusehen sind.

Die Autoren dieses Buches, beide noch jung, aber mit bereits bemerkenswerter einschlägiger Praxis, arbeiten klar und verständlich heraus, welche Aufgaben sich der Automobilindustrie stellen und wie sie diese Herausforderungen annehmen und beantworten kann. Ihr Ansatz ist praxisorientiert und gleichzeitig auf ein umfassendes, wissenschaftlich begründetes Basiskonzept gestützt. Das macht das Buch, wie die Beispiele und Fallstudien zeigen, direkt anwendbar. Die Bedeutung des Buches ist aber keineswegs auf die Automobilindustrie beschränkt. In vielen, ja fast allen Branchen zeigen sich ähnliche Probleme, und sie können mit meistens geringfügigen Modifikationen auf ähnliche Weise gelöst werden.

Das Buch ist ein Beitrag zu richtigem und gutem Management, zur Aufdeckung und Ausmerzung von Irrlehren und Missverständnissen und zur Vermeidung von Schäden in Wirtschaft und Gesellschaft, die gerade in den letzten Jahren durch falsches und schlechtes Management angerichtet wurden.

St. Gallen, Oktober 2001   Prof. Dr. Fredmund Malik

Prolog

Jede Reise beginnt mit einer Frage. Fragen durchdringen das menschliche Bewusstsein wie Laserstrahlen. Fragen setzen oftmals enorme Kettenreaktionen in Gang.

Mit den Fragen der Teilnehmerinnen und Teilnehmer unserer Seminare und Symposien begann unsere Reise zu diesem Buch. Mit unseren Fragen an Sie wird *Ihre* Reise beginnen. Wie sie verläuft, haben Sie selbst in der Hand.

Sind Sie bereit, sich selbst zu revolutionieren? Ihrem Denken und Handeln eine neue Richtung zu geben? Zu den Gewinnern von morgen zu gehören, weil Sie heute handeln?

Das Buch

Als wir begannen, das Exposé für das vorliegende Buch auszuarbeiten, stellten wir uns selbst die Aufgabe, exakt zu definieren, welchen Nutzen wir stiften wollen. Für wen schreiben wir? Und: Was soll unser Buch leisten? Wir sammelten die Fragen der Teilnehmerinnen und Teilnehmer unserer Seminare und Symposien, gruppierten sie, fassten sie zu Themenkomplexen zusammen und gewichteten sie inhaltlich. So wollten wir die richtigen Fragen herausarbeiten, um in unserem Buch die richtigen Antworten geben zu können. Wir wiederholten das Brainstorming immer wieder und stellten die Fragen in den Mittelpunkt unserer Arbeit.

Schon früh war uns klar: Die dynamischen Veränderungen in der Automobilindustrie würden lediglich Ausgangspunkt unserer Reise sein. Gutes und richtiges Management in gesättigten Märkten ist zur bedeutendsten unternehmerischen Herausforderung unserer Zeit geworden. Deshalb behandelt dieses Buch nicht ausschließlich Erfolgsstrategien für Automobilzulieferer, sondern vielmehr wirksames Management in allen reifen Branchen. Die Zulieferer der Automotive Supply Chain stehen als Paradigma für eine Industrie, die sich zu Beginn dieses Jahrhunderts in einer radikalen Umbruchphase befindet. Gesättigte Märkte wirken sich nicht nur auf industrielle Strukturen, sondern auch auf Handel, Dienstleistungsunternehmen, öffentliche Verwaltungen und sogar auf Non-Profit-Organisationen aus.[1] Daher richtet sich dieses Buch nicht ausschließlich an Mitarbeiter der Automobilindustrie und aller angrenzenden Branchen, sondern an Führungskräfte aus allen Ebenen unserer Gesellschaft.

Gewinner von morgen handeln heute verknüpft Branchenwissen mit der systemorientierten, ganzheitlichen Lehre des St. Galler Management Modells und leitet daraus eindeutige Lösungen und wirksame Werkzeuge ab. Lösungen für die aktuellen Aufgaben der Unternehmen in reifen Branchen; Werkzeuge, mit denen es ihnen gelingt, die Weichen für die Zukunft richtig zu stellen. Wir heben uns ganz bewusst von der vielfach sehr theoretischen Managementliteratur ab, indem wir unseren prozessorientierten theoretischen Input durch reale Praxisbeispiele aus dem Automobilzulieferbereich untermauern. Ermöglicht haben dies einige Unternehmen, die wir namentlich nennen durften und die dadurch einen bedeutenden Beitrag zu diesem Buch geleistet haben. Vielen Dank dafür!

In unseren Ausführungen konzentrieren wir uns auf die wesentlichen Erfolgsschlüssel, die den Zulieferern in der dynamischen Automotive-Umwelt die Tür zum Erfolg öffnen. Sie haben auch für andere Branchen ihre Gültigkeit. Dem St. Galler Management Modell folgend verstehen wir das Unternehmen als komplexes, offenes und dynamisches System, in dem die Innensicht ebenso wichtig ist wie die auf den Markt gerichtete Betrachtung. Im Fokus unserer Ausführungen stehen die ganzheitliche Gestaltung und Lenkung des Unternehmens und keineswegs einzelne Elemente wie technische Innovationsfähigkeit oder Informations- und Kommunikationstechnologien. Auf Basis der systemorientierten St. Galler Managementlehre fassen wir die relevanten Erfolgsschlüssel zu einer Zukunftsstrategie zusammen, die praxisorientiert und umsetzbar ist. Zum Verständnis der Gesamtzusammenhänge beginnen wir mit Instrumenten und Methoden zur erfolgreichen Führung des Einzelunternehmens und übertragen die Erkenntnisse auf die Zulieferkette. Wir vertreten die These, dass in Zukunft nicht mehr einzelne Unternehmen gegeneinander antreten werden, sondern ganze Lieferketten, also Konglomerate von Unternehmen. Deshalb müssen die Unternehmen grundsätzlich bereit sein, am Veränderungsprozess aktiv teilzunehmen.

Gewinner von morgen handeln heute ist ein Reiseführer für den Weg, sich selbst zu revolutionieren. Strategieentwicklung, Innovationsmanagement, Organisationsentwicklung sowie PR- und Marketingpolitik erfordern effektive Führungsinstrumente, um konkrete Schlüsselmaßnahmen umsetzen zu können. Unser Buch ist keine Zustandsbeschreibung, sondern liefert Methoden und Werkzeuge zur ganzheitlichen Zielerreichung des Unternehmens. Wir wollten kein idealisiertes Bild des erfolgreichen Unternehmens in der Theorie zeichnen, sondern Klarheit vermitteln, auch über Risikofaktoren in einem turbulenten Umfeld. Auf statistische Angaben wurde verzichtet, da wir überzeugt sind, dass Hintergrundinformationen und Insiderwissen interessanter sind als Zahlenkolonnen und Datenfriedhöfe. Ebenso wenig werden Sie modische Schlagworte finden. Das Buch ist durch seinen Stil so dynamisch wie das Umfeld, in dem sich Ihr Unternehmen befindet. Unser Ziel ist es, komplexe Zusammenhänge einfach darzustellen und durch konkrete Beispiele transparent zu machen.

Wir verstehen die wichtigen Fragen als Leitplanken auf unserer Reise und hoffen, mit den Antworten einen wesentlichen Beitrag zur Entwicklung einer robusten Strategie zu leisten. Nutzen Sie unser Erfahrungswissen für Ihren Strategieentwicklungsprozess, um ein dauerhaft erfolgreiches Unternehmen zu gestalten.

Von Ihnen als unseren Lesern wünschen wir uns vor allem, dass Sie Ihre innere Einstellung zu den aktuellen Herausforderungen überprüfen und vor dem Hintergrund der Inhalte des Buches Ihre Konsequenzen ziehen. Gewinner von morgen handeln heute – heute, in der Gegenwart besitzen Sie die größte Macht. Entscheiden Sie sich für ein Ziel, konzentrieren Sie alle Kräfte darauf und machen Sie sich auf den Weg. Lesen Sie die folgenden Seiten und handeln Sie! Reagieren Sie nicht nur, agieren Sie. Erfolg hat drei Buchstaben: TUN!

Gewinner von morgen handeln heute ist ein Gemeinschaftswerk. Es führt das Wissen und Können von zwei Menschen zusammen, integriert beständig zwei Sichtweisen, die durch lange und intensive Gespräche zu einer wurden. Das Ganze ist bekanntlich mehr als die Summe seiner Teile. Das gilt auch in diesem Fall. Und trotzdem ergreifen wir jetzt getrennt voneinander das Wort – das einzige Mal in diesem Buch. Die folgenden Seiten sollen Ihnen einen Eindruck vermitteln, wer wir sind und warum wir für Sie schreiben.

Rainer Kurek

*»Die Grundsätze wirksamer Führung zu kennen, ist
eine Sache. Sie zu leben eine andere.«*

Im Spätherbst 1995 tauchte sie zum ersten Mal auf, die Idee, ein
Buch zu schreiben über wirksames Management für Automobilzulieferer. Ich saß im Auto, war auf dem Rückweg von Slowenien nach München. Das österreichische Zulieferunternehmen,
für das ich damals arbeitete, verlagerte gerade Teile seiner Ven-
tilproduktion nach Slowenien. Ich war verantwortlich für die
Entwicklung eines neues Ventils und hatte nun die Aufgabe, das
Produkt in die Fertigung überzuleiten. Ein kleiner Kreis von
Mitarbeitern traf sich wöchentlich, um die nächsten Projektschritte zu vereinbaren. Es war – wie so oft – spät am Abend, als
der Fertigungsleiter und ich die slowenisch-österreichische
Grenze überquerten. Wir diskutierten intensiv, warum wir uns
gerade für diesen Job entschieden hatten. In unserem Gespräch
wurde mir sehr klar, dass diese Art der Arbeit genau meinen
Vorstellungen entsprach und bis heute entspricht. Meine Begeisterung für Autos, das von allerlei Unwägbarkeiten geprägte
dynamische industrielle Umfeld sowie internationale Kontakte
in unterschiedlichen Kulturen machen die Managementfunktion in der Automobilindustrie zu einer spannenden Aufgabe. Ich
hatte das Gefühl, dort, wo ich war, am richtigen Platz zu sein. In
besagtem Spätherbst 1995 war gerade eine erfolgreiche Entwicklung in Serie gegangen, und ich hatte auf Einladung meines
damaligen Chefs, Christian Planegger, die Sema Industry Week
in Las Vegas besucht. Irgendwann, so erklärte ich meinem Begleiter, würde ich über unsere Erfahrungen ein Buch schreiben
und gerne zurückblicken auf diese außergewöhnliche Zeit.

17

Als Werkstudent, Praktikant und Diplomand hatte ich mehr als ein Jahr bei einem süddeutschen Automobilhersteller gearbeitet. Die Zeit beim Zulieferer brachte völlig neue, ganz andere Erfahrungen. Das Unternehmen war in den Jahren 1994 und 1995 in einer schwierigen Phase. Christian Planegger hatte als geschäftsführender Gesellschafter alle Hände voll zu tun, einen erfolgreichen Turnaround herbeizuführen. Heute, sieben Jahre später, ist das Unternehmen außerordentlich erfolgreich, vom Teilehersteller zum Komponentenlieferanten aufgestiegen und ein Musterbeispiel für gutes und richtiges Management.

Die Idee, ein Buch zu schreiben, verlor ich wieder aus den Augen. Es blieb bei ein paar kleineren Beiträgen für verschiedene Fachzeitschriften. Im Frühjahr 1998 – wir hatten mit einer unserer Produktentwicklungen gerade den steirischen Innovationspreis gewonnen – verließ ich das Unternehmen. In bestem Einvernehmen erkannten Christian Planegger und ich, dass es für mich an der Zeit war, eine neue, andere Managementaufgabe wahrzunehmen. Bis heute bin ich ihm äußerst dankbar, dass er mir schon früh Kompetenzen und Verantwortung übertragen hat. Und ich danke ihm auch für die wertvollen Erfahrungen, die ich in den vier Jahren bei ihm sammeln konnte.

Bereits in frühester Jugend steckte mich mein Vater mit seiner Begeisterung für Automobile an. Und deshalb sollte es in meinem neuen Job ein wenig mehr Auto als »nur« ein Ventil sein. Ich übernahm für einen der renommierten deutschen Entwicklungs-Dienstleister ein großvolumiges Karosserieprojekt. Keine leichte Aufgabe. Als ich begann, war das Projekt geprägt von Koordinations- und Kommunikationsproblemen, die Terminsituation war äußerst eng, die wirtschaftlichen Rahmenbedingungen nicht sonderlich erfolgversprechend. Nächtelang saßen meine Teamassistentin Susan Grieves und ich im Büro, dokumentierten auf vielen Seiten Projektabläufe, Änderungs- oder Ergänzungsleistungen und erstellten Präsentationen im

Wochenrhythmus. Susan, die bis heute für mich arbeitet und in ihrer knapp bemessenen Freizeit auch das Manuskript für dieses Buch erstellte, möchte ich an dieser Stelle meinen Dank aussprechen. Sie hat nicht nur durch die vollständige Textbearbeitung, einschließlich aller Grafiken, einen wesentlichen Beitrag zur Entstehung dieses Buches geleistet, sondern auch durch die professionelle Erledigung aller Backoffice-Aufgaben in meinem heutigen Job für ein effektives Zeitmanagement gesorgt.

Ich hatte mir zwar in zahlreichen Projektmanagementseminaren theoretische Kenntnisse erarbeitet, musste aber erkennen, dass sie nur ein schwaches Fundament für die Praxis darstellten. Da fehlte etwas auf dem Seminarsektor. Was wäre, wenn man spezifisches Branchenwissen mit Managementwerkzeugen kombinieren würde? Ich begann, die gewonnenen Erfahrungen aus dem mittlerweile erfolgreich abgeschlossenen Karosserieprojekt schrittweise zu dokumentieren. Dann nahm ich Kontakt auf mit dem Management Zentrum in St. Gallen (MZSG). Dort hatte ich die effektivsten Seminare besucht und das MZSG als professionelles und innovatives Beratungsunternehmen kennen gelernt. Die ganzheitliche und systemorientierte Betrachtung hatte ich in Prof. Dr. Fredmund Maliks Büchern und Schriften intensiv studiert. Gleich zu Beginn des Jahres 2000 begann ich mit der Arbeit an dem Seminar »Gewinnerstrategien in der Automotive Supply Chain«. Bereits im April wurde es als Pilotseminar zum ersten Mal gehalten. Gleichzeitig war ich für das MZSG in verschiedenen Beratungsprojekten in der Automobilindustrie tätig. So verantwortete ich ein Komplexitätsreduktionsprogramm für die Division eines führenden europäischen Systemlieferanten, engagierte mich in der Strategieentwicklung eines Start-up-Unternehmens im Komponentenzulieferbereich und unterstützte die Umstrukturierung eines etablierten Entwicklungs-Dienstleisters. Parallel zu den Beratungsprojekten führten wir eine Reihe von Sympo-

19

sien und Fachveranstaltungen durch und nutzten den Input der Teilnehmerinnen und Teilnehmer zur Weiterentwicklung des Seminars. Ihnen gilt deshalb mein besonderer Dank. Sie haben einen wesentlichen Beitrag geleistet, indem sie Inhalte kritisch prüften und halfen, unsere Ausführungen plausibler und präziser zu gestalten.

Und dann lebte die Buchidee wieder auf. Die Fragen und das Interesse an praxisnahen Inhalten zeigten: Gerade die Unternehmen der Zulieferindustrie verlangen nach konkreten Instrumenten für wirksames Management, um erfolgreich auf die Veränderungen im Markt reagieren zu können. Auf einem Fachforum für eine österreichische Technologie- und Marketinggesellschaft fragte mich ein Redakteur, ob ich nicht schon einmal daran gedacht hätte, die Inhalte des Seminars in Buchform zusammenzufassen.

Im Jahr 2000 fehlte aber wieder die Zeit, das Projekt zu konkretisieren. Mein früherer Arbeitgeber befand sich mitten in einem interessanten Restrukturierungsprozess. Der Engineering-Dienstleister war gerade auf dem Weg, sich vom Paketanbieter für verschiedene Fahrzeugmodule zum Entwicklungspartner für Gesamtfahrzeugprojekte zu qualifizieren. In verschiedenen Gesprächen mit dem Geschäftsführer entschied ich, in die operative Verantwortung zurückzukehren. Es reizte mich, die im MZSG gewonnenen Erfahrungen in einer weiteren Managementfunktion umzusetzen. Davon überzeugt, dass das neue »alte« Unternehmen von meinem Wissen profitieren würde, wechselte ich schließlich zum 1. Oktober 2000 zurück in die Hauptverwaltung des Engineeringpartners. Meine Beratungsprojekte beim Management Zentrum hatte ich abgeschlossen, die bereits vereinbarten Diskussions- und Themenabende aber führten wir weiter durch, und so wurde das geplante Buchprojekt aus zeitlichen Gründen erst einmal verschoben.

In der Tat gelang es in kürzester Zeit, das in St. Gallen erworbene Wissen in der neuen Aufgabe zu nutzen und die Vorwärtsstrategie des Entwicklungs-Dienstleisters unter anderem durch den Aufbau einer neuen Vertriebsorganisation nachhaltig zu unterstützen. Als Mitglied der Geschäftsleitung verantworte ich heute die Strategie und Organisation der Produktionsplanung. Wir arbeiten nahezu mit allen deutschen Automobilherstellern in verschiedenen Projekten, die von Entwicklungskonzepten bis zur Serienbetreuung reichen.

Der Kontakt zum MZSG und zu Fredmund Malik blieb bestehen. Die von Malik in seinen Büchern und Seminaren vermittelten Grundsätze wirksamen Managements beeinflussten nicht nur meine eigene Laufbahn und Karriereplanung, sondern auch die effektive Zusammenarbeit mit Kunden und Kollegen. Für seine Antworten auf meine Fragen nach gutem und richtigem Management schulde ich ihm genauso Dank wie für seine aktive Unterstützung bei der Umsetzung dieses Buches. Als ich ihm in der Pause eines seiner Symposien von der Buchidee erzählte, sagte er spontan seine Unterstützung zu.

Sabine und ich hatten das Exposé zu diesem Zeitpunkt bereits erarbeitet. Sabine, Redakteurin und PR-Beraterin, leitet die Marketing- und PR-Abteilung meines heutigen Arbeitgebers. Sie war begeistert, als ich ihr von der Buchidee erzählte. Wir vereinbarten, das Projekt gemeinsam umzusetzen. Schon bald erkannte ich den großen Mehrwert, den die journalistische Umsetzung der Inhalte brachte. Eine klare, einfach verständliche und präzise Sprache ist die Grundlage für wirksame Argumentation. Die kritische Überarbeitung der Inhalte führte zu zahlreichen Verbesserungen, die unsere Argumente klarer und prägnanter machten. Ihre Professionalität und ihr Engagement, das sich auch in ihrem beruflichen Werdegang widerspiegelt, waren ausschlaggebend, dass das Manuskript zu diesem Buch in kurzer Zeit entstehen konnte.

Nicht zuletzt gilt mein besonderer Dank meiner Familie, die mich zu jedem Zeitpunkt in vollem Umfang unterstützte und ohne die es dieses Buch nicht gäbe.

Sechs Jahre hat es gedauert von der Idee bis zur Umsetzung. Eine lange Zeit für jemanden, der wenig Geduld hat, wenn es darum geht, Visionen und Ideen zu realisieren. Aber heute ist mir klar, dass dieses Projekt Zeit brauchte. Es hat auf den richtigen Zeitpunkt gewartet. Und der ist jetzt gekommen. Die Zeit ist jetzt reif für *Gewinner von morgen handeln heute*.

Sabine Schindler

> *»Schreib so, dass der Leser Dir von Satz zu Satz folgen kann. Schreib so, dass im Kopf des Rezipienten ein Rhythmus entsteht, der ihn durch den Text trägt.«*

Angefangen hat alles im Herbst 2000. Es war spät am Abend, ich saß noch im Büro. Plötzlich klingelte das Telefon. Rainer, der ein paar Tage später seinen Job in der Firma, für die ich auch tätig bin, antreten sollte, hatte eine kurze Frage. Wir telefonierten lange, besprachen zukünftige gemeinsame Projekte von Marketing und Vertrieb und merkten: Wir sprechen eine Sprache. Die beste Basis, um gemeinsam ein Buch zu schreiben.

Das zu tun hatte ich mir schon lange vorgenommen. Allerdings war mein Traum, auf einer Terrasse auf Kaua'i (Hawai'i) zu sitzen und mit Blick auf den Pazifik die Seiten zu füllen. Nun ist es eben München und der Blick auf den Garten. Meine ehemaligen Kollegen kennen den Spruch von mir: »Das sind Geschichten, die muss ich mir merken für das Buch, das ich mal schreibe.« Kleine Zwischenfälle, Anekdoten, die man erlebt, wenn man tagtäglich mit vielen Menschen zusammenkommt, wie dem Chefredakteur einer italienischen Zeitung, den wir nur mit Mühe davon abhalten konnten, die Schreibmaschinen im Pressezentrum zu zertrümmern, oder einem Politiker, der während einer Pressekonferenz in die Küche des Restaurants ging, um sich einen Schnaps zu genehmigen und dann wieder seinen Platz einnahm. Schreiben wollte ich einen Krimi. Es sollte eine spannende, außergewöhnliche Geschichte sein, mit Witz und auch Tiefe. Ideen hatte ich viele, entwarf Plots und Charaktere, aber wirklich zum Schreiben kam ich nie. Dazu waren die Aufgaben, die ich an meinen beruflichen Stationen zu erfüllen hatte, viel zu arbeitsintensiv.

Im Rückblick wird mir bewusst, dass etwas mein Leben seit langem bestimmt: die Sprache. Sehr intensiv beschäftigte ich mich in meiner Magisterarbeit damit. Das Thema: »Die Wirkungen der sprachlichen Gestaltung politischer Informationssendungen im Fernsehen«. Das war auch für meine eigene spätere berufliche Tätigkeit sehr lehrreich.

Und noch etwas anderes bestimmt mein berufliches Tun: Mein Ziel war und ist es, dass meine Arbeit zu Ergebnissen führt, sie nicht in der Theorie bleibt, sondern eine praktische Umsetzung erfährt. Deshalb arbeitete ich bereits während meines Studiums (Kommunikationswissenschaften, Französisch und Volkswirtschaft) in einer PR-Agentur. Und da kam ich mit einem weiteren Thema in Berührung, das für mich eine große Bedeutung haben sollte: Public Relations. Aus meiner Tätigkeit in der Agentur nahm ich neben fundiertem Handwerkszeug in Sachen PR zwei Dinge mit. Erstens: Die Sprache erfolgreicher PR muss flexibel sein, vielfältig, so vielfältig wie die Zielgruppen. Zweitens: PR muss in Unternehmen, unabhängig von der Größe, einen hohen Stellenwert besitzen. Und man muss strategisch vorgehen, will man Erfolg haben. Doch dazu später mehr (Kapitel 5).

Ich wechselte auf die andere Seite des Schreibtisches und arbeitete bei einem regionalen, privaten Fernsehsender. Dort produzierte ich aktuelle Beiträge, schrieb die Texte, sprach sie, moderierte, schrieb und produzierte Werbespots, übernahm die Aufgabe der Redaktionsleitung. Fernsehsprache ist eine besondere Sprache. Innerhalb einer sehr begrenzten Zeit – mehr als dreieinhalb Minuten für ein Thema hat man selten – muss es gelingen, auch sehr komplexe Zusammenhänge verständlich zu machen. Die Zeit beim Fernsehen hat meinen Schreibstil entscheidend geprägt. Meine Maxime ist seither: *Schreib so, dass der Zuschauer (-hörer, Leser) Dir von Satz zu Satz folgen kann. Schreib so, dass im Kopf des Rezipienten ein Rhythmus entsteht, der ihn durch den Text trägt.*

Die PR hatte mich auch während meiner Fernsehzeit nicht losgelassen und so wechselte ich abermals die Seiten, übernahm in einer Full-Service-Agentur die Aufgabe, eine PR-Unit aufzubauen und zu leiten. Bisher hatte ich PR für Konsumgüter gemacht, jetzt war einer unserer Hauptkunden ein führender Engineering-Dienstleister der Automobilindustrie. Eine neue Herausforderung, eine spannende Herausforderung. Ich fand mich schnell in diesem zuerst unbekannten Umfeld zurecht. Mich in kurzer Zeit in neue Themengebiete einzuarbeiten, das hatte ich vor allem als Redakteurin gelernt. Nach zwei Jahren wechselte ich in die Zentrale des Entwicklungs-Dienstleisters und verantworte heute den Bereich Marketing und PR des Unternehmens. Parallel zu dieser Aufgabe habe ich ein Studium zur PR-Beraterin absolviert.

In meinem bisherigen Berufsleben habe ich unzählige Seiten Papier beschrieben, mit Fachartikeln, Reden, Pressemitteilungen, Fernsehbeiträgen, Moderationen … Aber nie hat mich der Wunsch losgelassen, mich einmal intensiv nur mit einem Thema zu beschäftigen, ohne enge Vorgaben – »Ihr habt für den Beitrag nur 2:30«. – die Möglichkeit zu haben, in die Tiefe zu gehen. Wie gesagt, eigentlich sollte es ein Krimi sein, aber oftmals kommt es eben anders, als man denkt. Das Buch, das Sie jetzt in den Händen halten, ist auf eine besondere Art auch außerordentlich spannend. Ich habe die Arbeit daran auf alle Fälle als außerordentlich spannend empfunden. Und sie hat Spaß gemacht.

Ich bin der Meinung, dass jeder Mensch, den ich getroffen habe, eine bestimmte Bedeutung für mich hatte und mich etwas dazulernen ließ. Deshalb bin ich dankbar für alle Begegnungen mit Menschen, die mich in meinem Leben ein Stück begleitet haben, sei es nur eine Stunde, einen Tag oder sogar Monate und Jahre. Sie alle haben dazu beigetragen, dass ich heute hier sitze und die Einführung zu diesem Buch schreibe. Einige Menschen möchte ich trotzdem besonders erwähnen. Dazu gehört meine Familie, die in jedem Moment unerschütterlich an mich glaubt und mir alle denkbare Unterstützung gibt. Ein Dankeschön auch an Gabriela Schmid, die Rainer und mir gerade in der entscheidenden Phase bei der Entstehung dieses Buches sehr geholfen hat. Und nicht zuletzt freue ich mich, dass meine Freunde vollstes Verständnis hatten, als ich für einige Zeit in der Versenkung verschwunden bin.

Dafür, dass ich dieses Buch schreiben konnte, bin ich außerordentlich dankbar. Es ist eine großartige Sache, sich intensiv mit einem Thema zu beschäftigen, viel dazuzulernen und etwas zu Papier zu bringen, mit dem, so hoffe ich, so hoffen wir, viele Menschen in der Praxis arbeiten können.

Mehr gibt es von meiner Seite nicht zu sagen. Doch, eine Botschaft möchte ich Ihnen noch mitgeben. Sie stammt aus einem Päckchen hawai'ianischer Karten von Greg Scott. Das Symbol der von mir gewählten Karte ist Mano (hawai'ianisch: Hai): *Be bold. Go! Don't stop now. Be constantly hunting for food. Make sure your choices feed your soul. Be fearless. Nothing can stop you but you.*

25

Kapitel 1
Die Automobilindustrie heute –
eine Standortbestimmung

> »Streng dich an. Versuche soviel Ausbildung wie
> möglich zu bekommen, und dann, um Himmels
> willen, tu etwas! Bevor du etwas tust: verschaffe dir
> um Himmels willen die richtigen Informationen.«
> Lee Iacocca

Der Volkswagenkonzern denkt laut über gravierende Umstrukturierungen nach, will der Marke Audi eine neue Identität geben. Der Gewinn beim weltgrößten Automobilkonzern General Motors ist eingeknickt. Als Gründe nennt das Management rückläufige Absatzzahlen, harte Preiskämpfe, Verluste in Europa und den festen Dollar. Opel arbeitet an einem Sanierungsprogramm, um das Unternehmen aus der Krise zu holen. DaimlerChrysler hat alle Hände voll zu tun mit der Rettung der angeschlagenen Tochter Chrysler. Von den Zulieferern werden immer neue Preisnachlässe gefordert. Der deutsche Automobilmarkt schrumpft und bildet das Schlusslicht in Europa. Die Zahl der Neuzulassungen geht drastisch zurück, der Absatz sinkt. In anderen Wirtschaftsräumen sieht das Bild ähnlich aus. Die Automobilproduktion in den USA geht zurück, in Japan ist sie etwas gestiegen, EU-weit stagniert sie.

Sommer 2001 – Momentaufnahmen einer internationalen Schlüsselindustrie. Einzelschicksale, Ausnahmen? Und ansonsten alles in Ordnung? Oder Symptome einer Entwicklung, die eine ganze Branche auf den Kopf stellt? »Die Welt ist in Ordnung, nur in Deutschland nicht.« So äußerte sich im Juni der Vorstandsvorsitzende eines großen deutschen Automobilherstellers. Also alles halb so schlimm? Aber was ist in Deutschland los? Was wird sich in den kommenden Monaten und Jahren bei den großen Automobilherstellern tun? Und was bedeutet das alles für die beteiligten Unternehmen, für Zulieferer und Entwicklungs-Dienstleister? Wie sieht die Welt der Automobilindustrie wirklich aus?

1. Das Automobil beeinflusst Wirtschaft und Gesellschaft – damals und heute

Im November 1886 präsentierte Carl Benz den ersten dreirädrigen Benzin-Motorwagen. Eine Erfindung, die seither den Menschen und die Gesellschaft prägt wie kaum eine andere.

Dank der von Henry Ford umgesetzten ersten Serienproduktion wurde das Automobil zum Massenprodukt. Die individuelle Mobilität nahm rasch zu. Der Fortschritt in der internationalen Automobilentwicklung des 20. Jahrhunderts war dramatisch und beeinflusste nicht unwesentlich Wirtschaft, Kultur und Gesellschaft. Vielen wurde das Auto zur Existenzgrundlage, einigen zum liebsten Spielzeug, anderen zum Ärgernis. Kaum ein Produkt der modernen Gesellschaft emotionalisiert in stärkerem Maße. Aber lassen wir die Emotionen einmal beiseite.

Die Entwicklung in der Automobilindustrie verlief nicht immer geradlinig. Sie war vielmehr ein dynamischer Prozess auf verschiedenen Ebenen. Konzentrierten sich die Automobilhersteller in den ersten beiden Jahrzehnten des 20. Jahrhunderts noch auf die Produktentwicklung, so setzten sie sich mit der stetig steigenden Nachfrage bereits in den 20er und 30er Jahren intensiv mit rationelleren Fertigungsprozessen auseinander. Nach dem Ende des Zweiten Weltkrieges folgte zuerst die PKW-Produktion in Europa und Japan und schließlich auch die der damaligen Sowjetunion dem amerikanischen Vorbild von

Henry Ford. Die Weltautomobilproduktion boomte. Für viele Länder wurde sie im Rahmen des weltweiten Wachstums zur wirtschaftsbestimmenden Schlüsselindustrie. Erst die Ölkrise in den Jahren 1973 und 1974 sorgte für eine erste konjunkturelle Depression. In der Automobilentwicklung kam es zu einem Bewusstseinswandel. Drei Forderungen an die Automobilhersteller stehen seither im Vordergrund: Ressourcenschonung, Schonung der Umwelt und Reduzierung der Unfallrisiken. Darüber hinaus kennzeichnen effizientere Produktionsstrategien, Globalisierungskonzepte mit Exportoffensiven und neuen Beschaffungsmärkten sowie internationale Verflechtungen der Automobilhersteller die Marktsituation am Ende des 20. Jahrhunderts.

Die Automobilindustrie ist eine Schlüsselbranche geworden. Nehmen wir als Beispiel die deutsche Wirtschaft. Der arbeitsteilige Automobilproduktionsprozess ist durch vielfältige Verflechtungen gekennzeichnet. Die Leistungen fast aller Sektoren einer Volkswirtschaft werden zielgerichtet zusammengeführt. Die Automobilindustrie ist Kern dieses Wirtschaftsgeflechts und strahlt auf die vor- und nachgelagerten Bereiche aus. Zahlreiche andere Branchen partizipieren mittelbar an der Wertschöpfung in der Automobilproduktion. Berücksichtigt man alle Beschäftigungseffekte über die gesamte automobile Wertschöpfungskette, so waren nach einem Bericht des Verbands der Automobilindustrie (VDA) im Jahr 2000 1,72 Millionen Menschen in der Automobilproduktion tätig. Gehen wir noch einen Schritt weiter. 3,35 Millionen Arbeitsplätze existieren, weil Menschen Autos kaufen, reparieren lassen, tanken. Diese Autofahrer nehmen auch Dienstleistungen unter anderem bei Banken und Versicherungen in Anspruch. Die Beschäftigungswirkung des Automobils reicht weit: Jeder siebte Arbeitsplatz in Deutschland hängt direkt oder indirekt von ihm ab.

Die Situation der Automobilindustrie ist also längst kein Thema mehr, das nur auf der Ebene der Einzelunternehmen zu diskutieren ist. Vielmehr ist eine übergreifende Betrachtungsweise erforderlich. Die Konsequenzen, welche die Unternehmen der Automobilindustrie ziehen, die Veränderungen, die sie vornehmen, haben gesamtgesellschaftliche Auswirkungen. Die Zukunft der Automobilindustrie ist nicht nur für die beteiligten Unternehmen, sondern für die gesamte Volkswirtschaft von elementarer, ja existenzieller Bedeutung.

2. Die Automobilindustrie – eine Welt im Umbruch

2.1 Sättigung in den Triademärkten

Bereits seit einigen Jahren zeichnet sich eine Sättigung in den Triademärkten (Westeuropa, Nordamerika, Japan) der Automobilindustrie ab. Allein in Deutschland besitzt bereits mehr als jeder Zweite einen PKW. Die Zahl der Neuzulassungen ist laut VDA im Jahr 2000 um mehr als 11 Prozent zurückgegangen. Die Absatzchancen der Automobilhersteller werden geringer, der Wettbewerb verschärft sich. Die Folgen: zunehmende Konzentrationsbewegungen der großen Automobilkonzerne, ausgeprägte Plattformstrategien, Veränderungen in der Wertkette der Hersteller und verkürzte Entwicklungszyklen.

Diese geänderten Bedingungen zwingen aber nicht nur die Automobilhersteller zum Nachdenken und zum Handeln. Kaum ein Unternehmen der Automobilbranche kann es sich leisten, entspannt zu beobachten, wie die Hersteller reagieren. Im Gegensatz zu den tiefgreifenden Neuerungen in den 80er und 90er Jahren[2] betreffen die Änderungen und Entwicklungen am Markt in starkem Maße auch die Zulieferer. Diese Unternehmen werden mit mehr und anspruchsvolleren Aufgaben sowie mit der Forderung der Automobilhersteller nach einer Reduzierung der Kosten konfrontiert. Für die Zulieferer lauten die Spielregeln nun: Präsenz in allen Regionen und Marktsegmenten, die Beherrschung einer explodierenden Produktpalette und immer kürzer werdende Innovationszyklen. Hinzu kommt, dass sie sich in einem Spannungsfeld zwischen Forderungen und Erwartungen der Kunden, also der Industrie, auf der einen und ihrer Shareholder auf der anderen Seite bewegen. Deutliche Anpassungen sind notwendig. Sie entscheiden über den zukünftigen Erfolg.

In der Vergangenheit waren die Reaktionen der Automobilindustrie auf Veränderungen in der Industriestruktur meist richtungsweisend auch für andere Branchen. Heute kann und muss sich die Automobilindustrie an dem Geschehen in anderen Industriezweigen orientieren. Zum Verständnis der aktuellen Marktsituation ist es sinnvoll und naheliegend, typische Verhaltensweisen in bereits gesättigten Märkten zu studieren. Dabei ist es nicht von Bedeutung, welche Branche wir heranziehen. Die beobachteten Veränderungen in reifen Branchen laufen nach einem vergleichbaren und immer wiederkehrenden Muster ab. Wir betrachten im folgenden den Branchen-Lebenszyklus im allgemeinen und übertragen das Geschehen auf die Automobilindustrie.

2.2 Branchen-Lebenszyklus

Unabhängig vom Produkt weiß man, dass nach Einführung eines neuen Produktes in der Regel Marktanteile vor allem über den Faktor Zeit und alle damit verbundenen Aktivitäten wie Öffentlichkeitsarbeit und Marketing gewonnen werden. In der Startphase, in der eine überschaubare Zahl an Unternehmen am Markt agiert, ist dies ein langsamer Prozess. Es folgt eine Wachstumsphase. Das Marktvolumen nimmt zu, aber auch die Anzahl

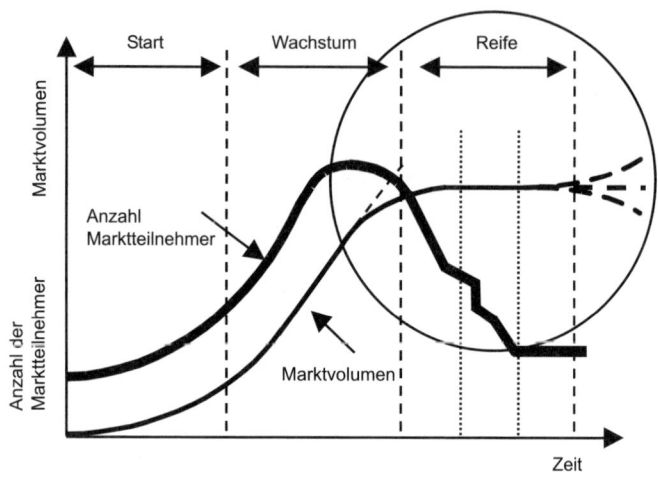

1.1: Branchen-Lebenszyklus (Quelle: Management Zentrum St. Gallen)

der konkurrierenden Unternehmen. Schließlich wird die Reifephase erreicht, in der die Märkte gesättigt sind und andere Spielregeln gelten als bisher (Grafik 1.1).

Für unsere weiteren Betrachtungen ist die Reifephase von zentraler Bedeutung. Sie lässt sich in drei Stadien unterteilen: Vorspiel, Ausscheidungsturnier und Finale (Grafik 1.2).

Vorspiel

Jetzt fordert die Marktentwicklung erste Opfer. Einige Unternehmen erreichen den üblichen Branchen-Break-Even nicht, weil ihre Produktionskapazitäten immer weniger ausgelastet waren. Sie geben auf.

Die Unternehmen, die übrigbleiben, schlagen unterschiedliche Wege ein, um sich zu retten. Die einen erkennen, dass eine Sättigung in den Stammmärkten bevorsteht. Sie geben das Geschäft auf, das für sie nicht überlebensnotwendig ist und beschränken sich auf das Wesentliche. Andere erweitern im Gegensatz dazu ihr bisheriges Sortiment in angrenzenden Märkten. Sie dringen also in Nachbarreviere ein.

Ausscheidungsturnier

Nachdem einige Unternehmen auf der Strecke geblieben sind und sich dadurch der Wettbewerb entspannt, können die verbliebenen Marktteilnehmer durchatmen. Die Lage stabilisiert sich, allerdings nur für kurze Zeit. Denn die Bedingungen und Regeln am Markt verschärfen sich über die zunehmende Sättigung erneut.

An diesem Punkt befindet sich gegenwärtig die Automobilindustrie. Die Hersteller setzen auf eine drastische Erhöhung der Produktivität. Sie ziehen die Preisschraube im Zuliefermarkt an, zwingen also auch die Partnerfirmen zu mehr Produktivität. Wie weit das gehen kann, hat wohl zuerst Lopez Anfang der 90er Jahre gezeigt. Aber er war nur der Vorbote einer Entwicklung, die heute regelmäßig zu teilweise heftigen Diskussionen in der Branche führt.

In der gesamten Zulieferkette kommt es zu Veränderungen und Anpassungsleistungen. Kurzfristig beschert diese Strategie den Herstellern Erfolg. Sie versuchen außerdem, über »Mehrwert«-Strategien zusätzliche Kaufanreize zu schaffen, die der Kunde aber oftmals als marginal und/oder selbstverständlich wahrnimmt. Der Markt stagniert. Nun setzt ein Innovationswettlauf ein. Aber auch die zunehmende Zahl an Innovationen im Auto bringt nicht den gewünschten Erfolg. Technische Inhalte überzeugen den Kunden nicht mehr nachhaltig. Die einzige Chance auf Erfolg ist nun, die Marke und ihre Botschaft neu zu positionieren.

Unternehmen, die ihre Wettbewerbsfähigkeit einbüßen, müssen ihr Geschäft aufgeben. Ein Ausscheidungsturnier beginnt, das in der Regel jene Unternehmen für sich entscheiden,

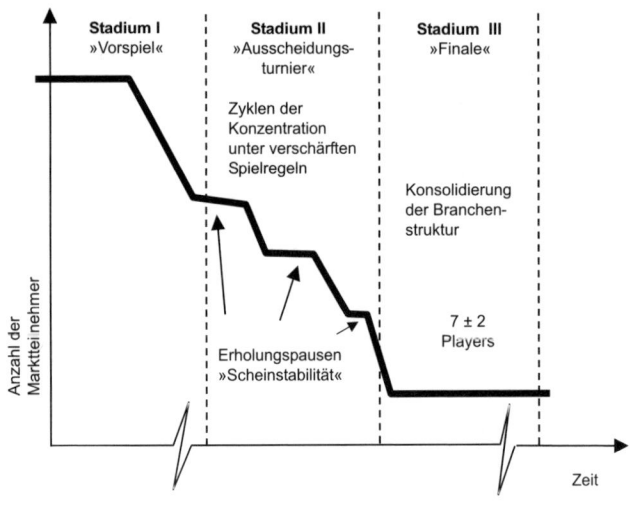

1.2: Typischer Verlauf einer Reifephase (Quelle: Management Zentrum St. Gallen)

die ihre Größenvorteile (Vertrieb, Marketing, Forschung und Entwicklung) geschickt nutzen können.

Konzentrationsprozesse setzen ein. Es kommt zu Übernahmen, Beteiligungen, Kooperationen. Die Gefahr von Monopolbildungen steigt.

Finale

Es verbleiben in der Regel fünf bis neun Marktteilnehmer, die neue Märkte in meist anderen Regionen erschließen, um ihre Produkte zu vertreiben. Gleichzeitig versuchen Kartellwächter die Wettbewerbskonzentration zu begrenzen, was nicht in jedem Fall erfolgreich gelingt.

Grafik 1.3 unterstreicht diese Tendenz für die Automobilindustrie. 1964 waren noch 52 selbständige Automobilfirmen tä-

34

1964		1997		2005
gab es noch 52 selbständig tätige Automobilfirmen u.a.		1. GM	2. Ford	1. DaimlerChrysler
1. Alvis	2. Borgward	3. Toyota	4. VW	2. Ford
3. Bristol	4. DAF	5. DaimlerChrysler	6. Fiat	3. GM
5. Facel	6. Glas	7. Nissan	8. Honda	4. Toyota
7. Hillmann	8. Innocenti	9. PSA	10. Mitsubishi	5. VW
9. Jensen	10. Matra	11. Renault	12. Hyundai	
11. Nash	12. Simca	13. BMW	14. Daewoo	?
13. Studebaker	14. Sunbeam	15. Fuji	16. Volvo	
15. Talbot	16. Tatra	17. Porsche		
17. Trabant	18. Triumph			
19. Wolseley…				

1.3: Konzentrationsbewegungen in der Automobilindustrie seit 1964

tig. Die aktuelle Zahl liegt bei etwa 15. Die Prognose für 2005 lautet: fünf bis neun Marktteilnehmer.

2.3 Die Automobilindustrie in der Reifephase

Die Automobilindustrie befindet sich in der Reifephase. Daran gibt es keinen Zweifel. Eine Gegenüberstellung der Verhaltensmuster aus anderen reifen Branchen mit den prägnantesten Veränderungen in der Automobilindustrie zeigt deutlich, dass die Umstrukturierung der Branche in vollem Gange ist. Und – entscheidend für die weiteren Ausführungen – davon ist die gesamte Lieferkette betroffen. Die Folgen für die Unternehmen, die mit den Automobilherstellern zusammenarbeiten, sind drastisch.

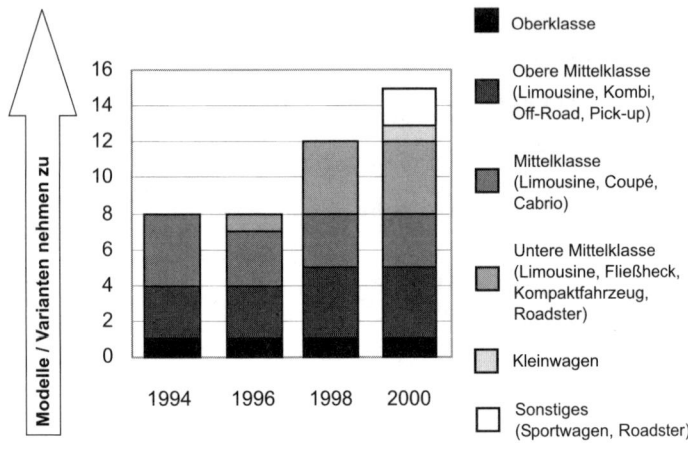

Modelle / Varianten nehmen zu

1994   1996   1998   2000

1.4: Beispiel für einen typischen Weg in die Multiprojektlandschaft
(in Anlehnung an eine Grafik der Audi AG)

Fakt 1: Viele Automobilhersteller sehen eine Chance auf Erfolg darin, den Neuwagenkunden bei der Wahl ihres Fahrzeugs zusätzliche Kaufanreize zu bieten. Sie erweitern die bestehenden Modellpaletten (Oberklasse, Mittelklasse, Kleinwagen …) und erhöhen gleichzeitig die Anzahl der Varianten (Derivate wie Roadster, Cabrio und Pickup). Bereits heute führt die Ausweitung der angebotenen Produktpalette zu erfolgreichen Neupositionierungen im Markt. Mehr Modelle und mehr Varianten bedeuten aber auch, dass mehr Ressourcen in Entwicklung und Produktion benötigt werden. Da die Hersteller aber nicht gleichzeitig mit ihrer Produktpalette auch die Kapazitäten ausweiten, kommt es zu Engpässen. Die Lösung: eine zunehmende Integration der Zulieferer in den Produktentstehungsprozess. An die Lieferkette werden mehr und komplexere Aufgaben vergeben (Grafik 1.4 und 1.5).

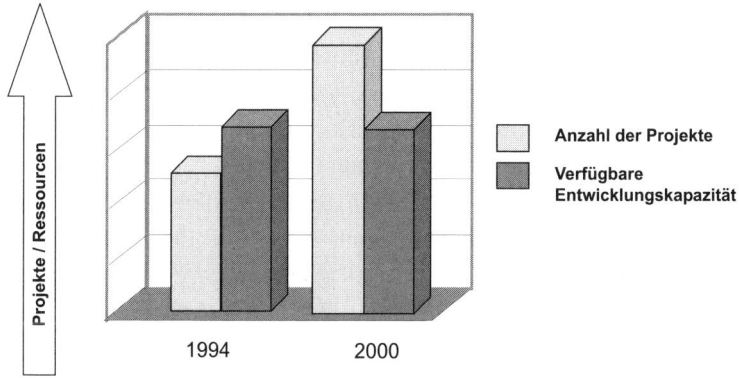

1.5: Reduzierte Ressourcen pro Entwicklungsprojekt
(in Anlehnung an eine Grafik der Audi AG)

Fakt 2: Die Automobilhersteller suchen verstärkt nach Produkten in neuen Marktnischen und konzentrieren sich dabei auf die Abdeckung individueller Kundenbedürfnisse. Dieser Prozess mündet unwillkürlich in einen verstärkten Verdrängungswettbewerb in den einzelnen Marktsegmenten. Die neuen Produkte müssen sich deutlich von den vorhandenen abheben. Erfolgreich sind jene Unternehmen, welche die eigene Innovationsleistung verbessern. Und dabei fordern sie zunehmend die Unterstützung der Zulieferer ein, verlangen nach mehr Kreativität. Es reicht aber nicht, nur auf diese Forderungen zu reagieren. Die Zulieferer müssen agieren, aktiv Innovationen anbieten, die es den Automobilherstellern ermöglichen, dem Endkunden wettbewerbsfähige Produktinhalte zu bieten.

Fakt 3: Die Fähigkeit, Marktbedürfnisse zu erkennen und diesen durch innovative Lösungen zu entsprechen, ist ein erfolgsentscheidender Faktor, »Time to Customer (Market)« ein weiterer. Der Automobilhersteller muss die Fahrzeuge zum zugesagten, richtigen Zeitpunkt auf den Markt bringen. Das setzt bei der zunehmenden Modell- und Variantenvielfalt geänderte Strategien und Abläufe voraus. Dazu gehören Modularisierungen sowie die Verwendung von Plattformen für mehrere Modelle und Varianten. Außerdem verlagern die Automobilhersteller Arbeitsumfänge an qualifizierte externe Partner, die in der Lage sind, die Prozesskette über den gesamten Produktentstehungsprozess zu bearbeiten (Grafik 1.6). Für diese Unternehmen gilt die Regel »Time to Customer (Market)« ebenso wie für die Hersteller. Module werden die maßgeblichen Parameter.

Dabei konzentrieren sich die Automobilhersteller auf die Zusammenarbeit mit wenigen Unternehmen, die zum Teil ein intensives Auswahlverfahren durchlaufen müssen. Hintergrund dafür ist der Wunsch, den eigenen Aufwand für das Management der Partner möglichst gering zu halten. Zentrale Forderung an die definierten Zulieferer ist eine Produktivitätssteigerung. Erreichen lässt sich dies vor allem durch die konsequente Nutzung von Synergieeffekten.

Fakt 4: Die Verlagerung der Arbeitsumfänge an qualifizierte externe Partner beinhaltet auch die Verlagerung der Kosten für Entwicklungsleistungen und Anlageinvestitionen. Die Automobilhersteller fordern von ihren Zulieferern, deren Entwicklungsaufwendungen auf die Serienproduktion umzulegen. »Pay on Production« und »Full Supplier Support« gewinnen an Bedeutung. Die Aufteilung des Risikos zwischen Automobilhersteller und Systemlieferant hat bereits begonnen und führt unter anderem dazu, dass Entwicklungs-Dienstleister nicht mehr überwiegend von den Automobilherstellern selbst, sondern mehr und mehr von Systemlieferanten beauftragt und an deren Entwicklungsrisiko beteiligt werden. Auch diese Entwicklung wird sich in der Lieferpyramide nach unten fortsetzen.

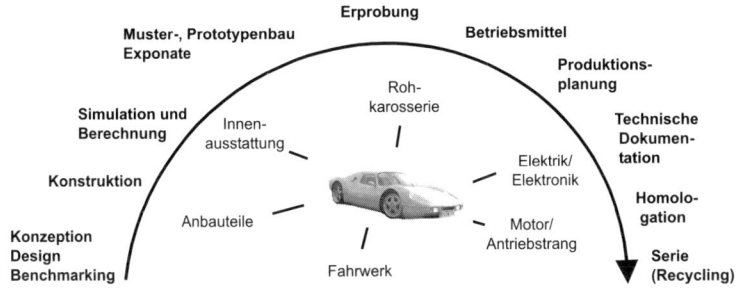

1.6: Modularisierung des Gesamtfahrzeugs und Stationen der Prozesskette

2.4 Strategische Anpassungsleistungen

Die Anforderungen an die Zulieferer steigen. Für sie geht es im Ausscheidungsturnier darum, den Anschluss nicht zu verlieren, Marktanteile zu behalten und nach Möglichkeit weiter auszubauen. Was zählt, ist eine sichere Position in der Lieferpyramide. Gewinner werden jene Unternehmen sein, die einerseits innovativ sind und sich dadurch der Kostensenkungsschraube entziehen können und die andererseits den Produktivitätszuwachs beherrschen, der sich aus einer geringeren Anzahl an Mitbewerbern ergibt. Es handelt sich dabei aber nicht nur um Unternehmen, die aufgrund ihrer Größe Vertriebs-, Marketing- und F&E-Vorteile nutzen können. Einige stärken ihre Position im Markt deutlich, indem sie Marktnischen bedienen, die für die großen Konzerne weniger interessant sind. Die Beherrschung der künftigen Modell- und Variantenvielfalt mit modularen Produktbaukästen und intelligenten Fertigungskonzepten muss deshalb nicht der einzige Weg zum Erfolg sein. Die heterogenen Kundenbedürfnisse schaffen Raum für individuelle, innovative, kundenspezifische Produktlösungen.

Der Engpass an verfügbaren Ressourcen bei den Automobilherstellern und die damit verbundene Integration der Zuliefe-

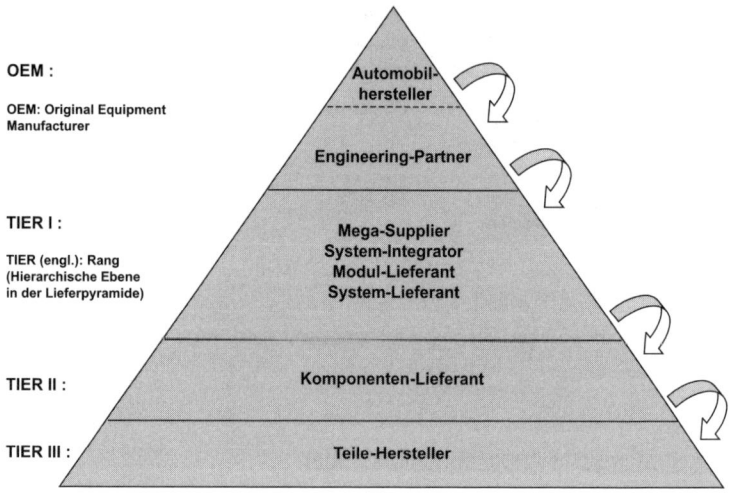

OEM :

OEM: Original Equipment
Manufacturer

TIER I :

TIER (engl.): Rang
(Hierarchische Ebene
in der Lieferpyramide)

TIER II :

TIER III :

Automobil-
hersteller

Engineering-Partner

Mega-Supplier
System-Integrator
Modul-Lieferant
System-Lieferant

Komponenten-Lieferant

Teile-Hersteller

1.7: Lieferpyramide der Automobilindustrie mit Kaskade der Aufgabendelegation

rer führt zu einer Aufgabendelegation, die beim Systemlieferanten beginnt und beim Teile-Hersteller endet (Grafik 1.7).

Die skizzierte Entwicklung hat gerade erst begonnen: Der
Druck auf die Zulieferindustrie wird kontinuierlich steigen. Die
Unternehmen sind gezwungen zu handeln, und zwar schnell,
schneller als in der Vergangenheit. Um bestehen zu können,
müssen sie in den Kreis der strategischen Partner aufgenom-
men werden. Das setzt, unabhängig von der Position in der
Hierarchie der Lieferpyramide, oft eine vollständige Neuaus-
richtung, zumindest aber eine Anpassung der Unternehmensstrategie voraus. Wesentlich dafür ist, die dynamischen Veränderungen in der Automobilindustrie ganzheitlich zu sehen. Das
Erfahrungswissen aus anderen reifen Branchen liefert den Input, um die bevorstehenden Aufgaben besser und schneller
angehen und lösen zu können. Grafik 1.8 fasst die Veränderungen in der Automobilindustrie zusammen.

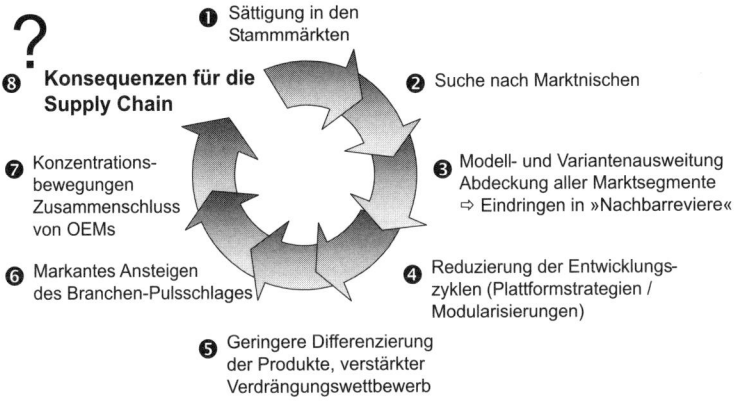

?

8 **Konsequenzen für die Supply Chain**

1 Sättigung in den Stammmärkten

2 Suche nach Marktnischen

7 Konzentrations-
bewegungen
Zusammenschluss
von OEMs

3 Modell- und Variantenausweitung
Abdeckung aller Marktsegmente
⇨ Eindringen in »Nachbarreviere«

6 Markantes Ansteigen
des Branchen-Pulsschlages

4 Reduzierung der Entwicklungszyklen (Plattformstrategien /
Modularisierungen)

5 Geringere Differenzierung
der Produkte, verstärkter
Verdrängungswettbewerb

1.8: Marktsättigung in der Automobilindustrie – Erkennungsmerkmale

Die oben beschriebene Situation weicht von allem Bisherigen ab und weist eine hohe Komplexität auf. Deshalb müssen die Unternehmen die bestehende Geschäftsmechanik grundsätzlich überdenken und ihre Strategie anpassen. Unabdingbar in diesem Prozess ist es, die spürbaren Reaktionen der Automobilhersteller auf die gesättigten Märkte und die daraus resultierenden dynamischen Veränderungen ganzheitlich zu betrachten und zu verstehen. Die neuen Forderungen an die Lieferketten sind zu bewerten, die Konsequenzen für das eigene Unternehmen zu analysieren und daraus die Maßnahmen abzuleiten, die mittel- und langfristigen Erfolg bringen.

Falsch wäre es, diese Umbruchphase als Ansammlung von Problemen und schier unlösbaren Aufgaben zu sehen. Es sind große Aufgaben. Aber sie sind lösbar. Und sie sind viel mehr als das. Den Unternehmen, die sich nun entscheiden zu handeln und sich nicht mit Abwarten und Reagieren zufrieden geben, eröffnen sich große Chancen auf zukünftigen Erfolg. Auf einen Erfolg, der stabiler ist als der bisherige. Denn wer den Anforderungen mit einer Strategie begegnet, die nach vorne gerichtet und fundiert ist, wird sich eine Marktposition erarbeiten, die ihn abhebt von den Mitbewerbern. Ziel muss ein Unternehmen sein, das in einer langfristigen Partnerschaft mit den Herstellern und in den sich bildenden Lieferketten einen festen und erfolgreichen Platz einnimmt. Der Blick nach vorne und die starke Überzeugung vom zukünftigen Erfolg sind die notwendigen Begleiter in dem Strategieprozess, in den die Zulieferer jetzt einsteigen.

2.5 So handeln Gewinner von morgen heute – ein Überblick

Schlüsselelement aller Betrachtungen ist eine klare Einschätzung der Marktsituation. Nur auf dieser Grundlage lassen sich strategische Planungen erstellen oder anpassen. Die bestehende Innovationskompetenz, einer der entscheidenden Wettbewerbsfaktoren der Zukunft, ist hinsichtlich des Produktes und/oder der Dienstleistung für das eigene Unternehmen neu zu bewerten. Viele Unternehmen unterschätzen dabei oft die Innovationen von Mitbewerbern oder anderen Branchen, setzen zu lange auf ihren technischen Vorsprung und leisten sich Innovations-Flops. Hinzu kommt häufig eine falsche oder zu eingeschränkte Betrachtungsweise des sehr komplexen Themas »Innovation«.

Innovations-Management kann und muss gelernt werden. Es unterliegt speziellen Regeln und verlangt nach entsprechendem Wissen.[3] Das zweite Kapitel beschäftigt sich mit diesem Themenkreis.

Um im kommenden Ausscheidungsturnier nicht auf der Strecke zu bleiben, ist es vor allem entscheidend, die Prozesse im eigenen Unternehmen zu beherrschen. Die zentrale Frage für alle Zulieferer und auch für Entwicklungs-Dienstleister lautet deshalb: *Welche Potenziale sind notwendig, um strategischer Partner in der Lieferkette zu sein?* Nachdem die Unternehmen die Konsequenzen der Neustrukturierung des Marktes für sich selbst erkannt und analysiert haben, müssen sie die eigenen strategischen Ziele daraus ableiten und Maßnahmen formulieren. Maßgeblich sind die Positionierung innerhalb der Prozesskette sowie die Entscheidung, in welchen Modulen man unter verschärften Wettbewerbsbedingungen tätig sein wird. Die Konzentration auf bestehende Kernkompetenzen ist naheliegend, aber nicht in jedem Fall sinnvoll. In welchen Feldern will sich das Unternehmen zukünftig engagieren? Diese Frage ist zu beantworten, und zwar mit Blick auf den Markt.

Eine gute Strategieplanung muss erarbeitet werden. Gut ist sie dann, wenn sie sowohl die heute gegebenen als auch neue, künftige Ertragspotenziale berücksichtigt. Wenn die neue Strategie vorliegt, stellt sich die Frage, welche strukturellen Voraussetzungen zum Ziel führen. Nur eine klare Formulierung des Geschäftszweckes heute und in Zukunft erlaubt es, die organisatorischen Rahmenbedingungen zu schaffen, die Erfolg bringen. Die Optimierung der Schnittstellen zum Kunden und marktorientierte Anpassungsleistungen wie Preise und Qualitätsmerkmale sollten im Fokus der strukturellen Änderungen stehen.

In der Strategieplanung konzentriert man sich darauf, zu definieren, welche Kompetenzen zu erweitern und welche neu aufzubauen sind. *Der Erfolg hängt vor allem von der Nutzung besonderer Stärken ab, von den Fähigkeiten, die ein Unternehmen bereits besitzt.*[4] Das Management entscheidet, in welchen Märkten das Unternehmen aktiv ist, und trägt selbstverständlich auch die Verantwortung für die Entwicklung der Unternehmensstruktur.

Ausgehend von einer Bündelung der Beschaffungsmengen auf eine geringere Anzahl von Lieferanten werden sich in Zukunft definierte Lieferketten formieren, die in vernetzten Strukturen arbeiten. »Simultaneous Engineering« in eigenen Projekthäusern führt bereits heute zu Verflechtungen in der Pro-

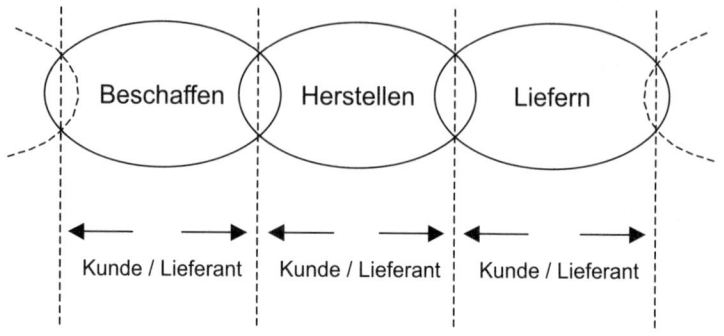

1.9: Planung und Koordination von Materialfluss, Informationsfluss, Datenfluss und Finanzfluss (Quelle: Management Zentrum St. Gallen)

jektlandschaft. Der Weg vom Einzelunternehmen zu vernetzten Unternehmensstrukturen ist Inhalt des dritten Kapitels.

Die Formierung festgefügter Lieferketten macht es zunehmend wichtiger, die Schnittstellen sowohl im eigenen Unternehmen als auch in der Lieferkette zu beherrschen. Eine entsprechende Ausweitung der Kompetenzen ist deshalb auch in diesem Bereich frühzeitig vorzusehen. Lieferketten, vom Einzelteilhersteller bis hin zum Systemlieferanten, entwickeln als komplette Teams strategische Allianzen, zumindest für die Zeit der Zusammenarbeit in gemeinsamen Projekten. Diese Teams bilden vernetzte Strukturen, wobei die Verflechtungsintensität vor allem davon abhängt, ob die jeweiligen Kernkompetenzen zueinander passen. Ob es sich dabei um Kooperationen, Beteiligungen oder Fusionen handelt, ist bei der Bildung von Lieferketten von untergeordneter Bedeutung. Entscheidend sind vielmehr Konzeption, Gestaltung und Lenkung einer erfolgreichen Lieferkette. Nur dann kann sie im sportlichen Wettkampf zwischen den Lieferketten bestehen:

Konzeption
Ausgehend vom Bedarf des Marktes werden sich Partner finden, die in ihren Kompetenzen dem Kundenbedürfnis am besten entsprechen. Innovative Unternehmen stiften in der Regel
einen höheren Nutzen für den Kunden und sind somit attraktiver und chancenreicher.

Gestaltung
Wenn die Rollenverteilung innerhalb einer Lieferkette feststeht, stellt sich die Frage nach der Organisation. Aufgaben,
Kompetenzen und Verantwortungen sind zu formulieren, um
ergebnisorientiert die erforderlichen Funktionen erfüllen zu
können.

Lenkung
Die Qualität der Ergebnisse hängt zuallererst von wirkungsvollen Werkzeugen zur Steuerung der Lieferkette ab. Um alle
technischen Kriterien in einem relevanten Zeitraum wirtschaftlich zu erfüllen, wird beispielsweise ein reibungsloser Informa-
tions- und Datentransfer zunehmend an Bedeutung gewinnen.
   Die Steuerung dieser Lieferketten bezeichnet die Literatur
heute als »Supply Chain Management« (Grafik 1.9). Grafik
1.10 stellt dies beispielhaft für die Klimatisierung im Fahrzeug
dar.

In den Kapiteln 1 bis 3 setzen wir uns überwiegend mit Methoden und Werkzeugen auseinander, die sowohl vom Einzelunternehmen als auch von der Lieferkette zu berücksichtigen
sind, um in gesättigten Märkten erfolgreich zu sein. Mit der
KOSTOR-Strategie beschreiben wir im vierten Kapitel den Weg,
den eine Lieferkette gehen muss, um ein schlagkräftiges und
erfolgreiches Team zu bilden. Komplexitätsreduktion, Strategieentwicklung und Organisationsentwicklung sind die Stationen.

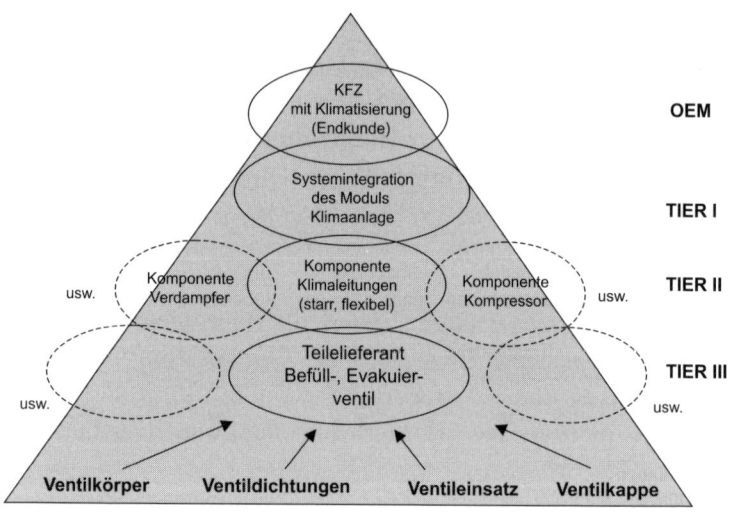

KFZ
mit Klimatisierung
(Endkunde)

OEM

Systemintegration
des Moduls
Klimaanlage

TIER I

usw.

Komponente
Verdampfer

Komponente
Klimaleitungen
(starr, flexibel)

Komponente
Kompressor

usw.

TIER II

usw.

Teilelieferant
Befüll-, Evakuier-
ventil

usw.

TIER III

Ventilkörper   Ventildichtungen   Ventileinsatz   Ventilkappe

1.10: Supply Chain für die Klimatisierung im Fahrzeug (Lieferpyramide)

Das fünfte Kapitel beschäftigt sich mit einem Thema, das sowohl eine Station auf dem Weg vom erfolgreichen Einzelunternehmen zum Mitglied einer erfolgreichen Lieferkette ist als auch unverzichtbare Zutat im Erfolgsrezept einer Lieferkette: integrierte Unternehmenskommunikation. Sie wird gerne vernachlässigt, ihr Potenzial oft unterschätzt. Gerade im Umfeld gesättigter Märkte, in einem zunehmenden Wettbewerb stellt professionelle Unternehmenskommunikation, und damit meinen wir den abgestimmten, integrierten Einsatz aller Kommunikationsmittel, ein unverzichtbares Werkzeug dar. Zum einen wird die Attraktivität eines Unternehmens deutlich erhöht, gerade weil es diese Attraktivität kommuniziert. Zum anderen ist Unternehmenskommunikation eine Disziplin, in der sich ein Unternehmen qualifizieren muss, um Mitglied in einer Lieferkette zu werden. Und noch ein dritter Punkt kommt hinzu: Die Mitglieder einer erfolgreichen Lieferkette müssen nach ihrem

Reaktion der Automobilindustrie auf gesättigte Märkte	Modell-/Variantenausweitung Multiprojektlandschaft	Suche nach Neuheiten zur Differenzierung der Produkte	Verkürzte Entwicklungszyklen (Time to customer)	Produktivitätssteigerung, Scale-Effekte durch Zusammenschlüsse
	▼	▼	▼	▼
Maßnahmen der Automobilindustrie	Integration von Partnern in den Produktentstehungsprozess (Ressourcen/Projekt)	Gezielte Förderung von Innovationspotenzialen der Lieferkette	Plattformstrategien, Auslagerung von Entwicklungsaktivitäten	Bündelung der Beschaffungsmengen auf weniger Lieferanten (strategische Partner)
	▼	▼	▼	▼
Forderungen der OEMs an die Lieferketten	Prozesskettenerweiterung / Integration-Competence	Berücksichtigung von Innovationen im Produktentstehungsprozess	Übernahme von Koordinationsfunktionen durch die Zulieferer	Nutzung der Kostensenkungspotenziale durch optimierte Prozesse
	▼	▼	▼	▼
Neues Anforderungsprofil an die Zulieferer (Lieferketten)	**Kapitel I** Automobilindustrie in der Reifephase – Konsequenzen für die Zulieferer	**Kapitel II** Innovationskompetenz – entscheidender Wettbewerbsfaktor der Zukunft	**Kapitel III** Vernetzte Organisationen	**Kapitel IV** Strategische Allianzen und Strategien zur Teambildung (KOSTOR-Strategie)
	▼	▼	▼	▼

Kapitel V Integrierte Unternehmenskommunikation

1.11: Zusammenfassung: Neues Anforderungsprofil an die Supply Chain

Zusammenschluss gemeinsam erfolgreich nach innen und außen kommunizieren. Das funktioniert nur, wenn alle eine professionelle Auffassung von Unternehmenskommunikation besitzen und die notwendigen Voraussetzungen im eigenen Unternehmen geschaffen haben. Das fünfte Kapitel beschäftigt sich in einem Theorieteil mit den Grundlagen und Mechanismen von Kommunikation. Im Praxisteil beschreiben wir Hintergründe und Funktionsweise von integrierter Unternehmenskommunikation und erläutern das Konzept der Unternehmensidentität.

Grafik 1.11 fasst die wichtigsten Auswirkungen der laufenden Veränderungen in der Lieferkette nochmals zusammen. Sie ist gleichzeitig Guideline für die nachfolgenden Kapitel und soll dazu dienen, die Ziele unserer Ausführungen zu visualisieren.

3. Zusammenfassung

Die Automobilindustrie ist zur Schlüsselbranche geworden. Jeder siebte Arbeitsplatz in Deutschland hängt direkt oder indirekt vom Automobil ab. Und deshalb sind alle dort stattfindenden Veränderungen vor einem gesamtwirtschaftlichen Hintergrund zu betrachten.

Die Märkte sind gesättigt, die Absatzchancen sinken, der Wettbewerb verschärft sich. Der Vergleich mit den Mechanismen in anderen Branchen zeigt: Die Automobilindustrie befindet sich in der Reifephase. Die Umstrukturierung der Branche ist in vollem Gange. Und davon sind nicht nur die Hersteller, davon ist die gesamte Lieferkette betroffen.

Deutliches Symptom dieser Umstrukturierung: zunehmende Konzentrationsbewegungen der großen Automobilhersteller. Davon erhoffen sich die Unternehmen auf der einen Seite eine Produktivitätssteigerung. Auf der anderen Seite ergänzen sie durch die Zusammenschlüsse ihre Kompetenzen, also in letzter Konsequenz ihre Modellpalette. Die Zahl der Modelle und Varianten steigt, die Entwicklungszyklen verkürzen sich. Damit sich ihre Produkte von denen ihrer Wettbewerber abheben, suchen die Hersteller nach signifikanten Neuerungen.

Neue Anforderungen erfordern neue Maßnahmen. Da die Automobilhersteller mit der steigenden Zahl der Projekte und der Verkürzung der Entwicklungszyklen nicht gleichzeitig ihre Ressourcen ausgeweitet haben, verlagern sie Entwicklungsaktivitäten zu ihren externen Partnern und integrieren diese Unternehmen zunehmend in den Produktentstehungsprozess. Dabei geht es aber nicht nur um den Ausgleich fehlender Kapazitäten. Was sie fordern und fördern ist das Innovationspotenzial der Zulieferer. Die Anforderungen an die Partner in der Zulieferindustrie steigen, die Koordination und Steuerung dieser Unternehmen wird immer komplexer. Konzentration auf wenige Partner nach dem Motto »Qualität geht vor Quantität« ist die strategische Konsequenz, welche die Hersteller ziehen.

Für die Zulieferer bleibt kaum noch etwas so, wie es war. Sie müssen sich in einem veränderten Umfeld völlig neu orientieren, ihre Strategien anpassen. Für sie geht es darum, den Anschluss nicht zu verlieren, Marktanteile zu behalten und möglichst auszubauen. Von ihnen wird erwartet, dass sie ihre Prozesskette erweitern und ihre Prozesse optimieren, um Kostensenkungspotenziale ausschöpfen zu können. Innovationskompetenz wird zum bedeutenden Wettbewerbsfaktor. Als strategische Partner der Automobilhersteller müssen Zulieferunternehmen Koordinationsfunktionen übernehmen, da es in der Lieferkette zu einer Aufgabendelegation vom Systemlieferanten bis zum Teilehersteller kommt.

Für alle Unternehmen der Lieferkette ist es von größter Bedeutung, die dynamischen Veränderungen in der Automobilindustrie ganzheitlich zu sehen, die sich daraus ergebenden Konsequenzen zu analysieren und Maßnahmen abzuleiten, die mittel- und langfristigen Erfolg bringen. Und – Probleme zu Aufgaben zu machen, aus denen sich neue Chancen für die Zukunft ergeben.

Kapitel 2 | Innovationskompetenz – entscheidender Wettbewerbsfaktor der Zukunft

> »Manche Menschen sehen die Dinge, wie sie sind,
> und fragen: Warum? Ich träume von Dingen, die es
> noch nie gegeben hat und frage: Warum nicht?«
> George Bernard Shaw

Innovativ zu sein, ist anscheinend recht einfach. Es gibt heute kaum noch etwas, das nicht als innovativ bezeichnet wird: Produkte, Unternehmen sowieso, Ideen, Menschen, Veranstaltungen – die Liste lässt sich fortsetzen. Aber, Sie merken, die Formulierung war bewusst gewählt: … als innovativ *bezeichnet* wird. Denn, ob diese Dinge alle wirklich innovativ sind, lässt sich bezweifeln. Was Innovation bedeutet und wie man damit erfolgreich ist, darum geht in diesem zweiten Kapitel. Halten wir fest: Das Wort Innovation wird inflationär verwendet. Und halten wir weiter fest: Es wird häufig auf Dinge angewendet, die mit wirklicher Innovation gar nichts zu tun haben. »Seid innovativ«, rufen die Wirtschaftspolitiker den Unternehmen zu. »Dann habt Ihr Erfolg. Und außerdem stärkt das die Exportfähigkeit.« So einfach, so gut?

Über kaum ein Thema der aktuellen Managementlehre wird so viel geschrieben und diskutiert wie über Innovationsmanagement. Und das vielfach deshalb, weil man glaubt, hauptsächlich über die Fähigkeit zur Innovation den Wert eines Unternehmens steigern zu können. Ob wertorientierte Unternehmensführung, Customer Relationship Management oder Process Value Management – all diese Methoden vertreten diese Auffassung. Besonders intensiv kümmern sich Manager und Unternehmensberater um das Thema Innovation, wenn es um Mergers & Acquisitions geht. Dann rücken sie Innovationsstrategien mit Zukunft in den Fokus der Unternehmensbewertungen. Konzepte des Innovationsmanagements werden vorgestellt, mit detaillierten operativen und strategischen Gestaltungsparametern, die mal mehr, mal weniger wirksam sind.

Oftmals geht es aber nicht nur um die Wertsteigerung des Unternehmens. Man erkennt, dass sich durch die Steigerung der Innovationskraft Wettbewerbsvorteile erzielen lassen. Dann diskutiert man, welche Maßnahmen die gängigen Theorien vorschlagen, und präsentiert mustergültige Innovationsprozesse auf Hochglanzcharts.

Unternehmen wollen oder müssen innovativ sein. Die Motive sind unterschiedlich. In der Automobilindustrie sind sie klar. Und klar ist dort auch, dass das Thema hochkomplex ist und Innovationsprozesse nur zum Erfolg führen, wenn man nicht an der Oberfläche bleibt, sondern tief einsteigt in die Auseinandersetzung mit der eigenen Innovationsfähigkeit und den Möglichkeiten, damit die Zukunft zu sichern.

1. Theoretische Modelle und praktische Umsetzung

Noch immer sind viele Manager der Meinung, dass Innovation bedeutet, kreativ zu sein. *Die* zündende Idee, möglichst ungewöhnlich, und schon ist der Erfolg vorprogrammiert. Mit glänzenden Augen erzählen dann etablierte Führungskräfte von früheren Erfindern: Starken Persönlichkeiten, die allein schon deshalb auserwählte Innovatoren sind, weil sie Großartiges geleistet haben. Natürlich gibt es diese Menschen, das wollen wir nicht bestreiten.[5]

Sie haben Erfolg – mit großer Willenskraft, den nötigen finanziellen Mitteln und der richtigen Strategie – und revolutionieren mit ihren Ideen ganze Branchen. Aber erstens kommen sie in der Praxis nicht häufig genug vor, um den Innovationsbedarf abdecken zu können.[6] Und zweitens bringen uns Glorifizierungen nicht weiter. Sie vernebeln nur den Blick auf das wahre Wesen von Innovation. Innovation ist lernbar. Jedes Unternehmen kann innovativ sein, mit der richtigen Strategie. Und letztlich zählt nur das Ergebnis, nichts anderes.

Es gibt viele Ansichten zum Thema Innovation, die in die Irre führen.

Erster Irrtum: Innovation heißt etwas erfinden. Erfindungen machen aber nur einen Teil von Innovation aus. Innovation ist mehr als das. Produkte oder Dienstleistungen sind erst dann Innovationen, wenn sie im Markt als neu oder neuartig empfunden werden und für das Unternehmen zum Markterfolg führen.[7]

Zweiter Irrtum: Innovation ist gleichbedeutend mit modernen High-Tech-Lösungen. Warum soll das so sein? Ist etwas nur dann innovativ, wenn es revolutionär neu und hoch komplex ist?[8] Innovation kann auch bei standardisierten Produkten stattfinden und weist im Low-Tech-Bereich die selben Erfolgschancen und Risikofaktoren auf.

Dritter Irrtum: Nur kleine Unternehmen können innovativ sein. Begründet wird dies mit ihrer hohen Flexibilität und Kreativität. Aber Innovationen leben nicht von kreativen, sondern nur von realisierten Ideen. Und die kosten Zeit und Geld. Beides haben kleine Unternehmen nicht immer in notwendigem Maß.[9]

Vierter Irrtum: Nur große Unternehmen können innovativ sein. Sie besäßen die notwendigen Kapazitäten und finanziellen Mittel. Das ist richtig, aber dies ist kein Grund, kleinen Unternehmen die Innovationsfähigkeit abzusprechen.

Jedes Unternehmen kann Innovationen erfolgreich auf den Markt bringen, unabhängig von Unternehmensgröße und Branche. Voraussetzung dafür ist das richtige Innovationsmanagement.

Innovationsmanagement ist ein systematisches Vorgehen, das sich nur an einem Ziel orientiert: den Markt zu erobern. Um erfolgreich zu sein, muss man die Bedürfnisse im Markt kennen, eine klare Strategie erarbeiten, sie konsequent und diszipliniert umsetzen sowie die Grundsätze kompromisslos anwenden, die für das Management von Neuem relevant sind. Innovationsmanagement ist eine Sache der Disziplin. Es lebt nicht von Modellen, sondern von Führungskräften, die die Herausforderung annehmen, Anderes und Neues zu schaffen, die bereit sind, Innovation auch gegen Widerstände durchzusetzen und die von Anfang an den Erfolg im Blick haben und an ihn glauben.

2. Erfolg in der Automobilindustrie braucht Innovation

Wie sich die Sättigung in den Triademärkten der Automobilindustrie auswirkt, haben wir in Kapitel 1 ausführlich beschrieben. Sie wird die bestehenden Strukturen nachhaltig reformieren. Innovation ist überlebensnotwendig geworden.

Jedes Unternehmen der Branche muss sich mit dem Thema Innovation auseinandersetzen. Betroffen sind alle Bereiche: Produktinhalte, Fertigungsprozesse, Entwicklung und so weiter.

Betrachten wir zuerst, warum die Automobilhersteller Innovationen brauchen. Der Wettbewerbsdruck ist enorm. Ihre Produkte müssen sich von denen der Konkurrenz abheben. Und das tun sie nur, wenn sie Neuerungen enthalten. Mit neuen Inhalten gelingt es den Herstellern auch, in den gesättigten Märkten Bedürfnisse zu wecken. Dazu kommt, dass ohne ihr Dazutun neue Bedürfnisse entstehen, zum einen weil sich Rahmenbedingungen wie Normen und Gesetze, zum anderen weil sich die Wünsche der Autofahrer ändern. Man denke nur an geringeren Benzinverbrauch und erhöhte Sicherheit. Die Hersteller weiten ihre Aktivitäten in neue Marktnischen aus. Sie sind dort erfolgreich, indem sie ganz individuelle Kundenbedürfnisse befriedigen. Und dazu benötigen sie die passenden Produkte. Ein neues Produkt setzt sich aber nur dann durch, wenn es sich von den vorhandenen deutlich abhebt. In der Vergangenheit reichte es aus, dass die Autos von Entwicklungsstufe zu Entwicklungsstufe zwar stetige, aber oftmals nicht wirklich wahrnehmbare Verbesserungen erfuhren. Heute muss der Mehrwert klar erkennbar und messbar sein. Innovationsleistung ist zur festen Messgröße im Produktentstehungsprozess geworden und Hauptargument bei allen Vertriebs- und Marketingaktivitäten der Unternehmen. Zur Erschließung neuer Märkte müssen die Hersteller Kostensenkungspotenziale ausschöpfen. Nur dann bleiben sie in der internationalen Auseinandersetzung wettbewerbsfähig. Und ein letzter Punkt: »Time to Customer (Market)« gewinnt an Bedeutung.

All dies erfordert Innovationsoffensiven, die die Hersteller nicht mehr alleine bewältigen können. Innovationspotenzial in der laufenden Entwicklungsarbeit zu berücksichtigen, wird immer schwieriger. Verkürzte Entwicklungszyklen machen eine gezielte Förderung von Innovationspotenzial unmöglich. Das Innovationstempo erhöht sich aber kontinuierlich. Die Beherrschung der Variantenvielfalt mit Produktbaukästen und intelligenten Fertigungskonzepten verlangt nach zusätzlichen prozessorientierten, produktunabhängigen Innovationsleistungen, die in den Entwicklungsprozessen zu berücksichtigen sind.

Es sind also viele Aufgaben zu bewältigen. Aufgaben der Hersteller, aus denen sich unmittelbar Aufgaben für die Zulieferer ergeben. Diese Partnerunternehmen werden vor allem deshalb zunehmend in den Produktentstehungsprozess eingebunden, weil die Hersteller ihre Innovationskompetenz nutzen wollen. Innovation ist die entscheidende Antwort auf stagnierende Märkte. Bessere und kostengünstigere Lösungen werden erwartet. Und deshalb definiert sich die Attraktivität der Zulieferer in erster Linie über deren Innovationsfähigkeit.

Gleichzeitig ergeben sich für die Zulieferer aber auch große Chancen, Innovationsfähigkeit zu beweisen und sich so einen sicheren Platz in der Lieferpyramide zu erarbeiten. Um diese Chancen zu erkennen, müssen die Zulieferer genauestens wissen, wie der Markt aussieht und was die Hersteller brauchen.

Innovation im Zusammenspiel der Hersteller und Zulieferer entsteht auf zwei Arten. Die Hersteller fordern Innovation von den Zulieferern, weil ihre eigenen Kapazitäten begrenzt sind und weil sie von der Innovationsfähigkeit ihrer Partner überzeugt sind. Die Zulieferer sollten aber nicht abwarten, bis man mit konkreten Forderungen an sie herantritt. Sie würden dadurch Chancen vergeben. Ihr Erfolg begründet sich auch darauf, aktiv Innovationen anzubieten.

Viele Unternehmen beherrschen die neuen Spielregeln bereits. Ob komfortunterstützende Luftfedersysteme, sicherheitsrelevante Reifendrucküberwachungssysteme oder geänderte Basistechnologien in der Motorenentwicklung – der Innovationswettlauf hat begonnen. Neue Produkte werden geschaffen oder bestehende Technologien deutlich verbessert. Für wirkliche Innovationen ist Kreativität lediglich der Ausgangspunkt. *Eine Innovation entsteht erst dann, wenn die ihr zugrunde liegende Idee auch tatsächlich in die Realität umgesetzt und ein entsprechendes Resultat erzielt worden ist.*[10]

Bisher sind wir in der Theorie geblieben. Jetzt gehen wir den Schritt in die Praxis. Um uns von der überwiegend theoretisch geprägten Managementliteratur abzusetzen, stellen wir im folgenden zwei Fallbeispiele vor. Sie beschreiben den Weg, den zwei Automobilzulieferer mit Innovationen erfolgreich gegangen sind. Sie haben die richtigen Ziele gesetzt, ihre Chancen konsequent wahrgenommen und dadurch bewiesen, dass professionelles Management die Grundlage für den Erfolg einer Innovation darstellt.

3. Erfolgsstory VENTREX

Die erste Geschichte überschreiben wir mit: *Konsequente Innovation führt zum Erfolg.* Sie ist Beleg dafür, dass Innovation keinesfalls auf High-Tech-Bereiche beschränkt ist. Die richtige Strategie und eine beeindruckende Kompromisslosigkeit brachten den Erfolg.

Schauplatz ist das österreichische Graz. Hier sitzt die VENTREX Automotive GmbH, in der PKW- und Nutzfahrzeugindustrie einer der führenden Hersteller von Luftreifenventilen und Zubehör. Ebenfalls in Graz befindet sich die vollautomatisierte Produktion des Unternehmens. In Slowenien besitzt die VENTREX eine Kooperation zur Produktion und Montage. Die VENTREX erwirtschaftet rund 17 Millionen Euro (2001) und beschäftigt in Graz etwa 80 Mitarbeiter in der technischen Entwicklung, in allen administrativen Bereichen und in der vollautomatisierten Produktion (Grafik 2.1). Der Ventilhersteller ist heute Partner aller großen europäischen Automobilkonzerne und einiger Unternehmen der US-amerikanischen Nutzfahrzeugindustrie, zum Beispiel als weltweiter Alleinlieferant der Firma ALCOA.

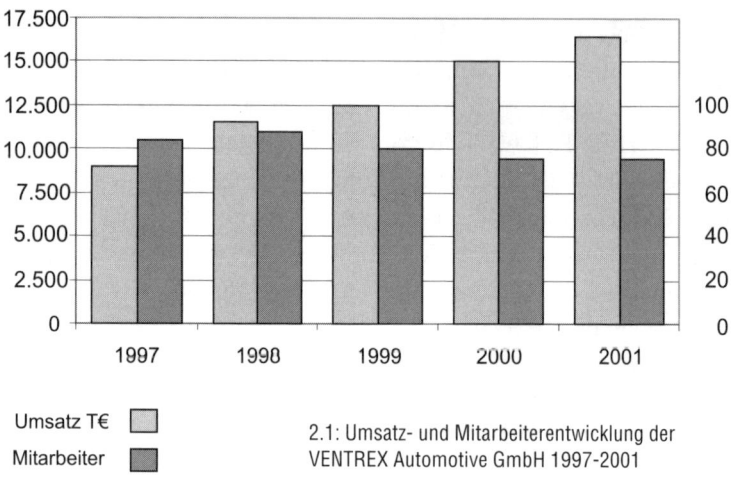

17.500						

Umsatz T€ ☐
Mitarbeiter ■

2.1: Umsatz- und Mitarbeiterentwicklung der
VENTREX Automotive GmbH 1997-2001

Die VENTREX ist ein Nischenanbieter. Und trotzdem agiert sie heute in den Geschäftsbereichen Luftreifenventile und Kleinkompressoren als Tier 1-Lieferant und im Bereich Klimaventile und Spezialventile für Kraftstoffe als Tier 2-Lieferant. Das Unternehmen ist hochprofitabel und hält in seinen drei Geschäftsfeldern jeweils einen relevanten Marktanteil. Diese Position ist Ergebnis mehrerer Faktoren. Das Unternehmen hat konsequent und kontinuierlich höherwertige Produkte entwickelt und sich auf die beiden zentralen Fähigkeiten »technisches Know-how« und »Kundennetzwerk in der Automobilindustrie« konzentriert.

1993 übernahm Christian Planegger die VENTREX. Er verordnete dem Unternehmen eine Innovationsstrategie, die er kompromisslos umsetzte und bis heute konsequent verfolgt. Auf den folgenden Seiten stellen wir die Faktoren dar, die diese Strategie erfolgreich machen. Dazu erörtern wir die Vorgehensweise in den strategischen Geschäftsfeldern.

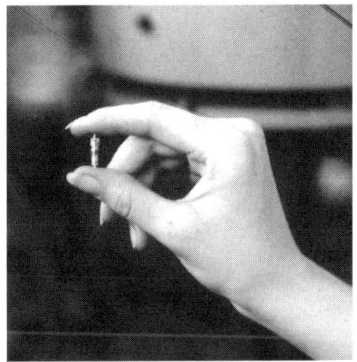

2.2 und 2.3: Konventionelles Gummiventil links, genormter Ventileinsatz, Herzstück des Ventils rechts (Quelle: VENTREX Automotive GmbH)

3.1 Luftreifenventile

Das Automobil wurde in den letzten Jahrzehnten kontinuierlich weiterentwickelt. Ein kleines Teil blieb die ganze Zeit über unverändert: das konventionelle Gummiventil am Rad. Hersteller und auch Autofahrer weisen ihm eine untergeordnete Rolle zu, und das zu Unrecht. Das Ventil ist ein nicht zu unterschätzender Sicherheitsfaktor. Ein plötzlicher Ausfall hat meist katastrophale Folgen.

Bis in die 90er Jahre gab es keine wirklich stichhaltigen Argumente gegen das herkömmliche Produkt. Und immer wenn es sie gab, konnten sie sich nicht durchsetzen. Selbst Neuerungen wie Leichtmetallfelgen, die zunehmend Stahlscheibenräder ersetzten, änderten daran nichts. Die Ventile sind nach DIN, ISO, ETRTO genormt und weitgehend standardisiert. Die Branche folgte dem Motto: »Die Technik ist immer so gewesen und sollte deshalb auch beibehalten werden.« Die Einkäufer der Automobilhersteller diskutierten in ihren Verhandlungen mit den Zulieferern Preise in der zweiten Nachkommastelle. Die

Welt war in Ordnung: Der Nischenmarkt war unter etwa fünf Ventilherstellern aufgeteilt, der Preisdruck erträglich. Anfang der 90er Jahre sollte sich alles ändern.

Plötzlich tasteten die Einkäufer die Preise auch an den Stellen vor dem Komma an. Erstmals stellte sich die Standortfrage. Das führte dazu, dass sich das Strategiemuster in dieser »ökonomischen Nische« änderte. Das bestehende Massengeschäft verlor an Rentabilität, die Branche fand sich in einem globalen Preiskampf wieder.

Wie reagierte das Management der VENTREX? Die Unternehmensspitze entschied, einen Produktionsstandort in Slowenien in Betrieb zu nehmen. So konnte man die Kosten beherrschen. Als nächstes konzentrierten sich die Ingenieure darauf, Produkte zu entwickeln, die einen eindeutigen Mehrwert boten. Die VENTREX kannte den Bedarf der Kunden, und so entstanden innerhalb kürzester Zeit Komponenten und Module, die das konventionelle Ventil aufwerteten, sowie völlig neuartige Ventile, welche die herkömmlichen ersetzten. Ein Beispiel hierfür ist eine Ventilverlängerung, mit der man den Luftdruck kontrollieren kann, ohne die Ventilkappe auf- und abzuschrauben. Diese Ventilverlängerung ist heute Standardprodukt im größten europäischen Automobilkonzern. Die VENTREX entwickelte Ventilmodule, die als integrierte Verbindungselemente mehrteiliger Räder nicht mehr sichtbar sind. Einige Leichtmetallradhersteller setzen heute diese designorientierte Technik ein. Außerdem brachte das Grazer Unternehmen eine ganze Reihe neuer Ventile in Serie, die schon in der Konzeptphase alternative Grundwerkstoffe berücksichtigen. Aluminiumwerkstoffe reduzierten die Masse im Vergleich zu Messing um 50 Prozent. Diverse Kunststoffe, aber auch höherwertige Legierungen sensibilisierten den Markt und schufen einen kontinuierlichen Imagegewinn für das Unternehmen. Durch Ventilentwicklungen wie das Ventil des Porsche-Hohlspeichenrades oder Spezial-

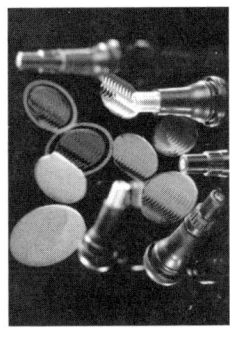
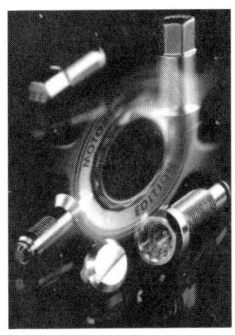

2.4: Aufwertung durch   2.5: 3-teiliges Ventil-Modul   2.6: Ventil für ein
Ventilverlängerungen   für mehrteilige Felgen   Hohlspeichenrad

(Quelle: VENTREX Automotive GmbH)

ventile für LKWs mit Scheibenbremsen dokumentierte die VENTREX produktübergreifende Entwicklungskompetenz und stellte die Wirtschaftlichkeit wieder sicher. Kontinuierliche Innovationsleistungen verschafften dem Unternehmen einen Vorsprung, den es bis heute hält. Bestehende Kundenbeziehungen wurden intensiviert, die Motivation der Mitarbeiter stieg.

Fazit: Innovation kann auch bei standardisierten Produkten stattfinden. Die VENTREX hat den Wert und den Nutzen eines bestehenden Produktes erhöht und so einer einfachen Preissenkungsstrategie entgegengewirkt. Mit einem Begriff des Management-Denkers Peter Drucker heißt die Stoßrichtung in der Strategieverfolgung deshalb auch: »*Veränderung des Wert- bzw. Nutzencharakters eines Produkts*«. Dem Unternehmen ist es so gelungen, sich dem Wettbewerb zu entziehen, indem es sich eine Nische gesucht hat.

Die VENTREX orientierte sich von Anfang an an den Bedürfnissen der Kunden. Dass das Management diese kannte, war die Basis für den Erfolg. Hohe Kundenorientierung ist notwendig, um zielorientiert innovieren zu können.

3.2 Klimaanschlussventile

Parallel zu den Entwicklungsanstrengungen im Bereich der Luftreifenventile beschäftigte sich die VENTREX mit Befüll- und Evakuieranschlüssen für das damals neue Kältemittel R134a. Eine Marktanalyse gab das Anforderungsprofil vor und zeigte: Der eingeschlagene Weg führt in die richtige Richtung. Das Unternehmen entwickelte nieder-/hochdruckseitige Klima-anschlussventile, die gegenüber Konkurrenzprodukten wesentliche Vorteile besitzen: eine geringere Leckrate, größere Befüllgeschwindigkeiten sowie die Möglichkeit, Ventilkörper und Ventileinsatz getrennt voneinander montieren zu können. Das schafft zum einen höhere Freiheitsgrade im Fertigungsprozess. Zum anderen lässt sich das Ventil schnell ändern, um es in Zukunft auch bei anderen, umweltschonenderen Kältemitteln wie beispielsweise CO_2 verwenden zu können. Die VENTREX setzte bestehendes Know-how zur Entwicklung der höherwertigen Klimaanschlussventile ein und erreichte in kürzester Zeit eine Marktdurchdringung. Der Erfolg basierte auf zwei wesentlichen Faktoren: technische Integration der vorhandenen Kompetenz aus dem Bereich der Luftreifenventile und eine entsprechend hohe Kundenorientierung. Die progressiv zunehmenden Absatzzahlen in der Fahrzeugklimatisierung gaben weiteren Auftrieb. Die Klimaanschlussventile machten im Jahr 2001 einen Anteil von 25 Prozent am Gesamtumsatz der VENTREX aus. Tendenz steigend!

Um es mit einem weiteren Begriff Peter Druckers zu sagen: Die VENTREX verfolgte eine Variante des *»In-die-Lücke-Stoßens«*, und zwar mittels einer *»kreativen Imitation«*. Mit anderen Worten: Der technische Durchbruch anderer Konkurrenten wurde beobachtet und kopiert. Das ist an sich nichts Neues und passiert täglich. Erfolgreiches Kopieren genügt aber nicht, man muss es besser machen als die Pioniere.[11] Das Beispiel VENTREX zeigt zwei Dinge auf: Innovationskompetenz kann man

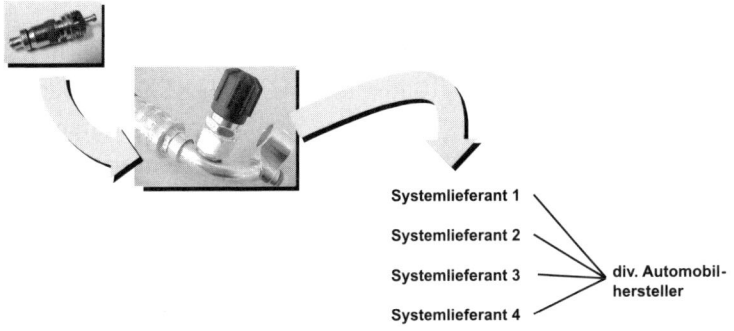

Systemlieferant 1
Systemlieferant 2
Systemlieferant 3
Systemlieferant 4

div. Automobil-
hersteller

2.7: Integration vorhandener Kompetenz (Ventileinsatz) für
höherwertige Anwendungen (Klimaanschlussventile)
(Quelle: VENTREX Automotive GmbH)

zielorientiert entwickeln. Und: Es gibt eine Möglichkeit zur
Diversifikation. Wettbewerbsvorteile sind meist die unmittel-
bare Folge dieser Strategie. Die VENTREX gewann mit dem
neuen Klimaanschlussventil 1997 den steirischen Innovationspreis und wurde 1998 für den Staatspreis für Innovation nominiert.

3.3 12 V-Kompressor

Ein weiterer Innovationsschritt der VENTREX war die Entwicklung eines 12 V-Kompressors für die Automobilindustrie.
Alle bedeutenden Fahrzeughersteller planen, das schwere und
äußerst selten benötigte Ersatzrad durch ein mobiles Reifenbefüllsystem zu ersetzen. Dieses Vorhaben geht auf den Trend zu
immer leichteren beziehungsweise kleineren und damit ver-
brauchsgünstigeren Autos zurück. Das mobile Reifenbefüllsystem besteht neben einem Dichtmittel aus einem Kompressor,
der einen defekten Reifen innerhalb einer vorgegebenen Zeit
wieder aufpumpt (Tire Mobility System).

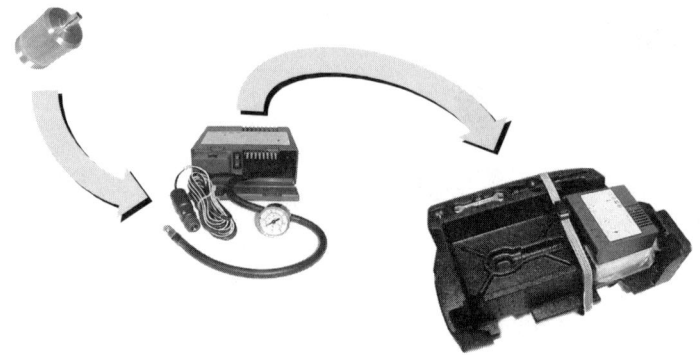

2.8: 12 V-Kompressor, Highend-Produkt der VENTREX Automotive GmbH
(Quelle: VENTREX Automotive GmbH)

Die VENTREX entwickelte dafür den Kompressor, der das Anforderungsprofil der automobilen Erstausrüstung erfüllt.

Zielgruppe waren zunächst alle bedeutenden deutschen Automobilproduzenten. Die Möglichkeit, das Geschäft auf weitere Kunden sowie auf weitere Anwendungsgebiete (Luftfedersysteme, Resalemarkt) auszuweiten, wurde von Anfang an berücksichtigt.

Der Kompressor besteht aus einem elektrischen Antrieb (12 V-Gleichstrommotor), einer mechanischen Baugruppe (vergleichbar mit einem Kolbenmaschinenzylinder, in dem Luft komprimiert wird) und diversen Zusatzteilen (Manometer, Anschluss an Zigarettenanzünder, pneumatische Anschlussstücke).

Ein derartiges Reifenbefüllsystem hat zahlreiche Vorteile: niedriges Gewicht von rund 2,5 Kilo, geringer Preis, einfachste Handhabung bei niedrigstem Kraftaufwand, mehr Platz im Kofferraum, kein Schmutz an Händen, Kleidung oder im Kofferraum, Umweltschutz (80 Prozent aller Reserveräder landen unbenutzt auf dem Schrottplatz) sowie die Möglichkeit, damit den Luftdruck des Reifens zu kontrollieren.

64

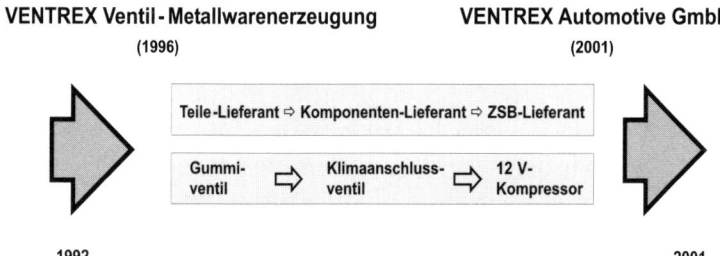

VENTREX Ventil - Metallwarenerzeugung
(1996)

VENTREX Automotive GmbH
(2001)

Teile-Lieferant ⇨ Komponenten-Lieferant ⇨ ZSB-Lieferant

Gummi-
ventil ⇨ Klimaanschluss-
ventil ⇨ 12 V-
Kompressor

1992   2001

Innovationskompetenz

2.9: Vom Teilelieferant zum Tier 1-Supplier
(Quelle: VENTREX Automotive GmbH)

Der Kompressor erreichte im Jahr 2001 einen Anteil von 28 Prozent am Gesamtumsatz der VENTREX. Mit dieser Entwicklung gelang dem Unternehmen der Durchbruch zum anerkannten Komponentenlieferanten.

Fazit: Auch in diesem Fall hatte die Strategie des »*In-die-Lücke-Stoßens*« vollen Erfolg. Die VENTREX hat sich einen Wachstumsmarkt erschlossen, der erst am Anfang seiner Entwicklung steht. Erfolgsfaktoren für diese Innovation waren von Anfang an die richtige Zielsetzung, ein straffes Projektmanagement und der Einsatz der besten Kräfte des Unternehmens. Damit sie die Chancen, die sich durch die Innovation im Markt boten, konsequent wahrnehmen konnten, erhielten die Mitarbeiter zu jedem Zeitpunkt die volle Rückendeckung durch das Management.

4. Innovationsführer I&T

Ohne Strategie kann Innovation nicht erfolgreich sein. Unsere zweite Erfolgsgeschichte basiert auf einem Strategieprozess, der aus einem Lehrbuch stammen könnte. Am Anfang kannte man erst einmal nur das Anforderungsprofil des Marktes und war überzeugt von den eigenen Produkten. Bereits nach kurzer Zeit hatte sich I&T einen festen Platz in der Lieferkette erarbeitet.

Die Firma I&T ist ein junges und sehr engagiertes Unternehmen, das sich mit der Entwicklung, partiell auch mit der Produktion und dem Vertrieb von neuen Verkabelungstechnologien beschäftigt. Um zeitnah die laufenden Entwicklungsaktivitäten der deutschen Automobilindustrie begleiten zu können, hat I&T neben dem Hauptsitz im österreichischen Eisenstadt auch ein Entwicklungszentrum im schwäbischen Ditzingen als marktnahen Brückenkopf aufgebaut. I&T will als Innovationsführer die Substitution der konventionellen Rundleitertechnik durch neue Technologien im Automobil unterstützen. Flexible Flachleiter, Flat Flexible Cable (FFC), stehen im Augenblick im Fokus der Automobilhersteller. FFC bestehen aus Kupferbahnen verschiedener Querschnitte, die zu Flachleitern extrudiert werden. Ihre Vorteile sind überzeugend: Sie brauchen deutlich weniger Bauraum, versprechen eine höhere Prozesssicherheit, sind leichter und verursachen geringe Stückkosten. I&T betätigt sich zusätzlich im Bereich Flat Printing Circuits (FPC). Im Gegensatz zum FFC bietet FPC die zusätzliche Option, Leiterbahnen im dreidimensionalen Raum flexibel einzusetzen. Elektronik kann in mechanische Bauteile integriert werden (z.B. Dachmodul, Außenspiegel …). Das erhöht die Gestaltungsfreiheit von Designern und Konstrukteuren zusätzlich und wird somit wesentlicher Bestandteil von Styling-Konzepten der Zukunft werden.

Bei I&T handelt es sich um ein typisches Start-up-Unternehmen der Automobilindustrie. Die Führungsspitze kannte die Anforderungen der Automobilhersteller. Sie setzte alles auf eine Karte und bot die besten und stärksten Kräfte auf, um zielorientiert diesem neuen Anforderungsprofil zu entsprechen. Natürlich ist diese Vorgehensweise außerordentlich riskant und kann daher kaum verallgemeinert werden. Sie ist aber durchaus typisch für den derzeitigen Automobilmarkt. Peter Drucker würde diese Stoßrichtung in der Strategieverfolgung als »schnellstens und stärkstens« bezeichnen, da sie von vornherein auf einen großen Markt und eine eindeutige Marktbeherrschung abzielt.

Dem Management von I&T war klar: Es gab nur einen Versuch. Würde man scheitern, wäre das das Ende von I&T. In einem sechs Wochen dauernden Prozess erarbeitete das Unternehmen eine Strategie, die branchenspezifisches Wissen und methodisches Know-how gezielt verknüpfte. Alle Führungskräfte lieferten Informationen, analysierten sie, fassten sie zusammen. Sehr schnell kristallisierte sich die Stoßrichtung für die Strategieentwicklung heraus: sichere Ertragspotenziale bei definierten Kunden bestmöglich auszuschöpfen und gleichzeitig künftige Ertragspotenziale aufzubauen.

Priorität hatte das Geschäftsfeld FFC. Das Management war sich sicher, hier am schnellsten Erfolg zu haben. Ergebnisse einer Wettbewerbsanalyse stützten diese Ansicht. Arbeitsgruppen setzten sich unter Berücksichtigung der Marktentwicklung mit möglichen Strategien auseinander und diskutierten über bereits vorhandene und noch erforderliche Kommunikationslinien und Netzwerke. Bestehende Strukturen und Kompetenzen im Unternehmen selbst wurden genauso analysiert wie das Anforderungsprofil der relevanten Kunden. Am Ende des Prozesses stand schließlich eine schlüssige und solide Grundstrategie, aus der klare Ziele abgeleitet wurden, hinterlegt mit konkreten Maßnahmen. Parallel dazu wurde mit derselben Genauigkeit die Grundstrategie für das Geschäftsfeld FPC erarbeitet, das die zukünftigen Gewinnpotenziale sicherstellen soll.

I&T ist heute fester Entwicklungspartner bei einem der renommiertesten Automobilhersteller der Welt. Es laufen Verhandlungen mit weiteren Herstellern, die für verschiedene Fahrzeugmodule wie Dach oder Türverkabelungen konkreten Bedarf angemeldet haben. Zur Verstärkung der Vertriebsaktivitäten und der damit verbundenen Darstellung des Leistungsportfolios hat I&T im März 2001 eine Kooperation mit einem der führenden Entwicklungs-Dienstleister geschlossen. Von der gemeinsamen Durchführung von Forschungs- und Entwicklungsprojekten erhofft sich I&T eine weitere Stärkung der Marktposition und den Aufbau weiterer Kompetenzen. Die Anstrengungen im Bereich FPC laufen unvermindert weiter, da sich langfristig eine Symbiose von konventioneller Verkabelung (Rundleiter), Lichtwellenleitern und FPC im Automobil durchsetzen wird.

Fazit: *Nur mit einer ganzheitlichen, wirksamen Strategie ist der Erfolg einer Innovation möglich.* Das zeigt das Beispiel von I&T deutlich. Und es zeigt auch, wie wichtig fundierte Managementkenntnisse sind. Umfangreiches branchenspezifisches Wissen reicht nicht aus. Fundiertes Wissen um die dynamischen Veränderungen in der Zulieferpyramide und die sich daraus ergebenden Konsequenzen für das eigene Unternehmen stellt die Basis für die Entwicklung der Strategie dar.

Für I&T und andere Start-up-Unternehmen sind auf dem Weg zur Marktführerschaft in den ersten fünf Jahren wichtige Kontrollpunkte zu beachten. Messgröße ist dabei der Gewinn von Marktanteilen. Die dargestellte Kurve konkretisiert die Abbildung des Branchen-Lebenszyklus aus Kapitel 1 (Grafik 2.10).

Das Fallbeispiel von I&T eignet sich gut, um noch einen weiteren Punkt zu erörtern. Die Produktinnovationen von I&T

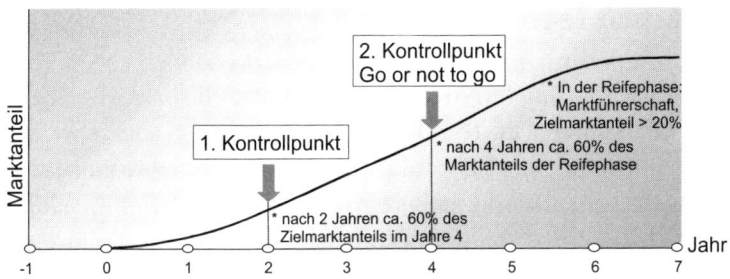

2.10: Meilensteine erfolgreicher Start-up-Unternehmen
(Quelle: Management Zentrum St. Gallen und PIMS)

erfordern neue Fertigungskonzepte und Produktionsstrategien. Für alle angrenzenden Modullieferanten, vom Steckerhersteller bis zum Lieferanten von Sensorengehäusen, ergeben sich daraus neue Arbeitsgebiete. Ein innovatives Unternehmen kann eine ganze Lieferkette auf den Kopf stellen. Und dabei ist die Größe des Unternehmens bedeutungslos. Die Innovation ist es, die die Situation für alle Unternehmen der Lieferkette verändert.

Daher ist es kaum verwunderlich, dass es häufig eine starke Lobby gibt, die versucht, Innovation zu verhindern. Für alle, die auf Innovation setzen, ist eine direkte Schnittstelle zum Automobilhersteller von größter Bedeutung. In Kapitel 3 setzen wir uns näher mit diesen Zusammenhängen auseinander.

5. Lessons Learnt

Innovation hat in den meisten Fällen nichts mit bahnbrechenden Erfindungen zu tun. Das kann so sein, ist aber eher die Ausnahme. Ein neues Produkt, eine neue Technologie und einen teilweise neuen Markt zu beherrschen, setzt äußerste Disziplin in der Umsetzung voraus. Bestehendes besser zu machen, kann gelernt werden und ist dann erfolgreich, wenn Innovationen zielgerichtet angepasst werden. Inkonsequentes Herumprobieren endet meist im Desaster.

Im Zusammenhang mit Innovationen oder Start-up-Geschäften gibt es nach Peter Drucker bestimmte Grundmuster des prinzipiellen Vorgehens, des »Grand Design«. Sie verbessern die Chancen für anhaltenden Unternehmenserfolg. Anhand der Fallbeispiele haben wir bereits aufgezeigt, wie deren Anwendung in der Praxis aussehen kann. Die wesentlichen Beobachtungen und Einsichten seien hier nochmals genannt. Peter Drucker unterscheidet vier Hauptstoßrichtungen in der Strategieverfolgung:

- *»schnellstens und stärkstens«*
- *»in die Lücke stoßen«*
- *das Ausbeuten »ökonomischer Nischen« und*
- *die »Veränderung der Wert- und Nutzenmerkmale« einer Marktleistung.*

Die Entwicklung einer Innovationsstrategie beginnt mit der Beantwortung der in Grafik 2.11 aufgelisteten Fragen. Bevor man sich aber im eigenen Unternehmen mit Innovation auseinander setzt, sollte man sich folgendes klar machen: Alle am Innovationsprozess Beteiligten sollten am Ende als Gewinner hervorgehen. Dem Lieferanten gelingt es meist, die ergebnisorientierte, positive Beziehung zu seinem Kunden zu stützen, in-

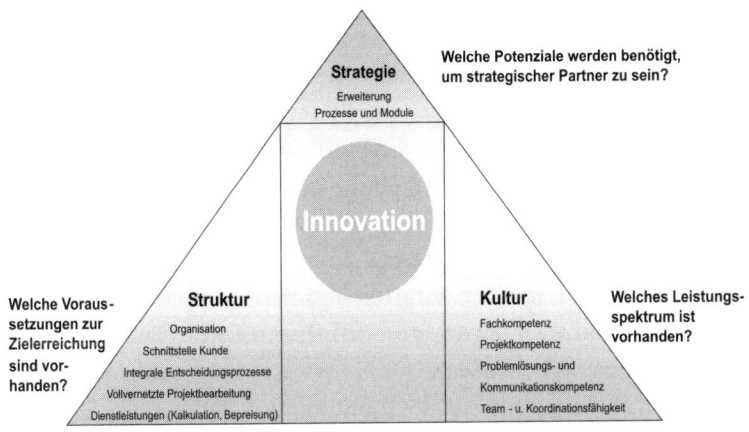

2.11: Innovation im Spannungsfeld Strategie, Struktur, Kultur

dem er produktübergreifende Entwicklungskompetenz auch in angrenzenden Bereichen nachweist. Orientieren muss er sich dabei aber nicht nur an diesen angrenzenden Bereichen, sondern vor allem auch am Endkunden und somit am Markt. Innovationsaktivitäten sollten immer im Sinne des Endproduktes erfolgen. Nur dann lässt sich eine WIN-WIN-Konstellation für Kunden und Lieferanten sicherstellen.

Alle relevanten Informationen müssen zu jedem Zeitpunkt für alle am Innovationsprozess beteiligten Parteien verfügbar sein. Erst ein kontinuierlicher Informationsaustausch mit dem Kunden und der Lieferkette macht es überhaupt möglich, über Innovation nachzudenken. Für Zulieferer ist eine direkte Anbindung an den Kunden unerlässlich. Durch diesen engen Kontakt erfahren sie von aktuellen Anforderungen und kennen die Kultur des Kunden. Eine Innovation bzw. ein neues Produkt muss sich an den bestehenden Rahmenbedingungen orientieren. Vom Markt (der Lieferkette) benötigt das innovierende Unternehmen Informationen über aktuelle Aufgaben und Pro-

71

bleme. Laufende Kontakte helfen einerseits, die eigene Kompetenz weiterzuentwickeln, andererseits Bedarf frühzeitig zu erkennen. Gleichzeitig muss das Unternehmen die Lieferkette über den Entwicklungsfortschritt auf dem Laufenden halten.

Innovation bewegt sich stets im Spannungsfeld von Strategie, Struktur und Kultur. Im Zentrum steht die Frage nach der Ausrichtung des Unternehmens mit dem Ziel der erfolgreichen Innovation. Die Wechselwirkungen zwischen den drei genannten Bereichen sind permanent zu hinterfragen, Konsequenzen für den Innovationsprozess zu berücksichtigen, und, wenn nötig, ist die Strategie anzupassen. Innovation lebt von der Genauigkeit in jedem Prozessschritt, von der Genauigkeit in Analyse, Planung und Umsetzung.

Herzstück der Entwicklung einer Innovationsstrategie ist die Projektanalyse. Sie steht am Anfang. Ein Projekt zu planen, ohne die Marktbedürfnisse genau zu kennen, wird kein zufrieden stellendes Ergebnis liefern. Leider wird dieser Fehler häufig gemacht. Dann diskutieren Führungskräfte bereits Projektmittel und Projektkontrollinstrumente, ohne die Ergebnisse einer schlüssigen Marktanalyse vorliegen zu haben. Die Erschließung neuer Wachstumsmärkte erfolgt oftmals auch über eine Neupositionierung innerhalb der Lieferpyramide. Deshalb muss der Zulieferer bereits nach der Projektanalyse entscheiden, ob er eine Modulketten- und/oder Prozesskettenerweiterung vornimmt. Dann muss auch klar sein, wo das Unternehmen nach Einführung der Innovation stehen wird und ob dafür eine Erweiterung der Kompetenzen oder des Leistungsspektrums notwendig ist. Bei jeder Innovation ist genau zu prüfen, welche vorhandenen Fähigkeiten in das neue Produkt integriert werden können. Alle Optionen sind genauestens zu bewerten.

Aus den vorliegenden Ergebnissen der Projektanalyse ergeben sich fundamentale Fragen nach der Struktur. Innovationsprojekte erfordern mehr als konventionelle Weiterentwicklungen, klare Projektstrukturen und transparente Methoden in der Umsetzung. Vorab zu klären ist, welche strukturellen Voraussetzungen in einem Unternehmen vorhanden sind und wie man sie gegebenenfalls ändern muss, um den Innovationsprozess erfolgreich steuern zu können. Die Projektarchitektur legt Zuständigkeiten, Aufgaben, Kompetenzen und Verantwortlichkeiten fest, und zwar bis ins kleinste Detail. Damit alle Beteiligten möglichst verzahnt zusammenarbeiten können, ist ein klares Berichtswesen zu vereinbaren. Innovation ist ein Prozess, in dessen Verlauf sich vieles ändern kann. Systemabhängigkeiten im Projekt zeigen auf, wie sich Änderungen auswirken und wie in solchen Fällen vorzugehen ist. Nur dann lassen sich Reibungsverluste bei der Projektabwicklung so gering wie möglich halten. Gleiches gilt auch für Entwicklungsressourcen, die von Anfang an sicherzustellen sind.

Neue Geschäftsfelder sollten von den bestehenden getrennt werden. Management und Mitarbeiter müssen sich vollständig auf das Neue konzentrieren können.[12] Sonst ist die Gefahr, sich zu verzetteln, zu groß. »Outsourcing« an Hochschulen und kleine Ingenieurbüros kann den Innovationsprozess beschleunigen und Entwicklungszeiten verkürzen. Globale Entwicklungen wie Drei-Zonen-Projekte erfordern spezielle Spielregeln, die hier nicht näher behandelt werden.

Kooperationen in Projekten und Fachkreisen mit Kunden und Zulieferern helfen, die Vorgehensweise effektiver zu gestalten. Basis hierfür ist ein wirksames und flexibles Projektmanagement. Flexibilität ist deshalb von größter Bedeutung, weil gerade in Innovationsprozessen Änderungen eher die Regel als die Ausnahme darstellen. Das Projektmanagement ist also in Abhängigkeit der Projektphase jeweils anzupassen.

Die Erwartungen an den Erfolg sind vor Beginn der Entwicklungstätigkeit klar und schriftlich zu formulieren. Denn was zählt, ist nur das Ergebnis. Und das muss von Anfang an klar

Innovation

Vertrieb
Produktion

Freigabe / Abbruch 2

Entwicklung
Freigabe / Abbruch 1

Planung

Bewertung

Definition

Erfassung

Realisierung

Laufendes
Umsetzungs-
controlling

Projekt in Strategie aufnehmen,
Projekt-Organisation festlegen

Geschäftsplan erstellen,
Abbruchkriterien definieren

Recherchen veranlassen
(Technik, Markt, Strategie)

Ideenträger unterstützen

Idee   Systematisch suchen und ordnen

2.12: Klassischer Innovationsprozess
(Quelle: Management Zentrum St. Gallen)

definiert sein. Über ein Maßnahmen-, Ziele- und Prämissen-Controlling wird in regelmäßigen Abständen ein Ist-/Soll-Abgleich vorgenommen. Grafik 2.12 fasst die Vorgehensweise eines klassischen Innovationsprozesses zusammen.

Um rechtzeitig am Markt zu sein und Alleinstellungsmerkmale möglichst lange nutzen zu können, ist neben einem strukturierten Entwicklungsprozess eine schnelle und aktive Entscheidungsfindung von elementarer Bedeutung. Man muss in jeder Phase sämtliche Faktoren im Auge haben, mit allen Beteiligten in Kontakt stehen. Nur dann fährt das Unternehmen mit dem Innovationszug in die richtige Richtung. Ressourcenengpässe sind von Anfang an dadurch zu vermeiden, dass mit allen Beteiligten ein regelmäßiger Daten- und Informationstransfer vereinbart wird. Die Integration von Lieferanten und Kunden sollte zum frühestmöglichen Zeitpunkt erfolgen, die Schnittstellen müssen klar definiert werden. Nur so kann

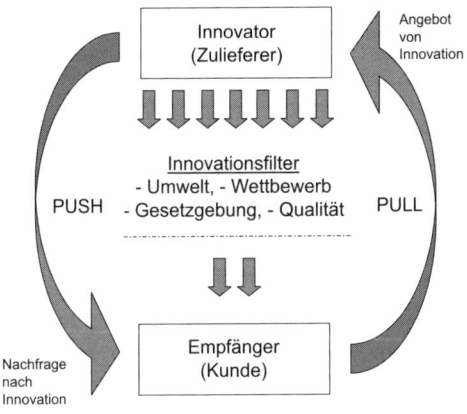

2.13: Innovationsfilter
(in Anlehnung an eine Grafik der BMW Group)

man sich sicher sein, die Basisanforderungen der Umgebung wie Qualität, Gesetzesvorschriften oder Umweltbedingungen zu kennen, sie im Produktentstehungsprozess frühzeitig berücksichtigen und am Ende auch erfüllen zu können. Das Kommunikationsprinzip ist in Grafik 2.13 dargestellt.

Innovationskompetenz sichert die Wettbewerbsfähigkeit, und deshalb liegt die Innovationsverantwortung stets beim Top-Management. Der Prozess des Innovierens ist jedem Projekt individuell anzupassen, wobei die genannten Regeln einzuhalten sind. Eine starke Marktorientierung, kurze Entwicklungszeiten und ein gutes Projektmanagement sind die zentralen Elemente eines modernen und effektiven Innovationsmanagements. Laut Peter Drucker »gibt es keine gesättigten Märkte, nur gesättigte Hirne.«

6. Zusammenfassung

Jedes Unternehmen kann innovativ sein. Nicht nur große Unternehmen oder nur kleine, auch nicht nur Unternehmen, die sich mit High-Tech-Produkten befassen. Es kommt vor allem auf die richtige Strategie an, die es mit eiserner Disziplin durchzusetzen gilt. Dies ist die erste Erkenntnis, die Sie aus diesem Kapitel mitnehmen sollten. Und bitte verabschieden Sie sich, falls dies noch nicht geschehen sein sollte, von allen weiteren Vorstellungen zum Thema Innovation, die lediglich in die Irre führen. Innovation hat nur in den seltensten Fällen etwas mit Erfindung zu tun. Innovation ist lernbar. Damit erfolgreich zu sein, bedeutet harte Arbeit und ist Ergebnis klarer strategischer Überlegungen und eines richtigen Innovationsmanagements.

Die Automobilindustrie braucht Innovation. Innovation ist überlebensnotwendig geworden, für Hersteller und Zulieferer.

Theorien zum Thema gibt es genug, leider mangelt es an der praktischen Umsetzung. Die Beispiele der Unternehmen VENTREX und I&T haben ganz konkret gezeigt, nach welchen Stoßrichtungen ein erfolgreicher Innovationsprozess laufen kann, was es zu beachten gilt und welche Maßnahmen zu ergreifen sind.

Nach Peter Drucker lassen sich vier Grundmuster (»Grand Design«) des Vorgehens unterscheiden:

Zielt ein Unternehmen von vornherein auf einen großen Markt und eine eindeutige Marktbeherrschung ab, so bietet es die besten und stärksten Kräfte auf, setzt alles auf eine Karte. Ein riskantes Vorgehen. Das Beispiel I&T zeigt, wie das Risiko zur Chance und schließlich zum Erfolg wird, nämlich indem man ganz diszipliniert strategisch vorgeht.

Die zweite Möglichkeit besteht darin, zu beobachten, was der Wettbewerb macht, das Vorgehen zu kopieren und, das ist das Entscheidende, es besser zu machen. Oft reichen nur geringfügige Änderungen, um erfolgreich zu sein und sich bedeutende Marktanteile zu sichern. Die Firma VENTREX hat in zwei Geschäftsfeldern diese strategische Stoßrichtung verfolgt: Mit dem 12 V-Kompressor und den Klimaanschlussventilen.

Die dritte Stoßrichtung: Sich dem Wettbewerb zu entziehen und dadurch den Grundstein für den Erfolg zu legen. Das gelingt, indem man sich eine Nische sucht, ein Marktsegment, das für die anderen Unternehmen zu klein, zu uninteressant ist. Der Erfolg wird nicht spektakulär sein, aber stabil. Auch hierfür ist die VENTREX ein Beispiel.

Bei der letzten Variante steht im Vordergrund, den Wert- bzw. Nutzencharakter des Produkts so zu verändern, dass es ganz exakt und ausschließlich die Bedürfnisse des Kunden erfüllt. So geschehen bei der VENTREX im Bereich der Luftreifenventile.

Für alle Beteiligten muss eine WIN-WIN-Situation entstehen – das ist die Grundüberlegung eines jeden Innovationsprozesses. Innovation lebt von der Genauigkeit in Analyse, Planung und Umsetzung. Der Erfolg ist eine Frage der Disziplin.

Und eines muss man sich immer wieder bewusst machen: Innovation ist ein Prozess, in dessen Verlauf die Wechselwirkungen von Strategie, Struktur und Kultur permanent zu hinterfragen, Konsequenzen zu berücksichtigen sind und, wenn nötig, die Strategie anzupassen ist. Innovation erfordert Flexibilität in Denken und Handeln. Und sie erfordert die Bereitschaft, schnell zu reagieren und aktiv Entscheidungen zu treffen.

Innovation muss in einem Unternehmen eine hohe Prioritätsstufe bekommen und in der Verantwortung des Top-Managements liegen, soll sie erfolgreich sein.[13] Sie ist ein Prozess, der in die Zukunft gerichtet ist, künftige Ertragspotenziale und die Voraussetzungen für deren Nutzung schafft. Das allein erklärt und rechtfertigt den hohen Stellenwert von Innovation in der Strategie erfolgreicher Unternehmen.

Kapitel 3 | Vernetzte Organisationen

»Management ist die wichtigste Funktion der Gesellschaft. (…) Denn Management ist das gestaltende und bewegende Organ einer Gesellschaft und ihrer Institutionen.«

Fredmund Malik

Im vorangegangenen Kapitel haben wir uns damit beschäftigt, dass etwas Neues zu schaffen den Unternehmenserfolg bringen kann, und wie dabei vorzugehen ist. Dieser Erfolg hat zwei Facetten. Zum einen wird das innovative Unternehmen Marktanteile hinzugewinnen. Zum anderen, und das ist für die folgenden Seiten wichtig, macht es sich attraktiv. Denn in Zukunft wird es nicht mehr allein am Markt agieren, sondern als Mitglied eines Teams. Wir bewegen uns vom Wettbewerb zwischen Unternehmen hin zum Wettbewerb von Lieferketten (Supply Chains). Unternehmen werden zu Team Players, müssen es werden. Das ist eine Konsequenz aus den aktuellen Entwicklungen. Gemeinsam ist man stark, kann dem Kunden mehr bieten als im Alleingang. Die Ergänzung der Kompetenzen erhöht die Schlagkraft am Markt. Aber sich zum Team Player zu entwickeln ist ein Fitnessprogramm für Fortgeschrittene. Innovationsmanagement ist darin ein wichtiger Bestandteil. Diesen Schritt haben Sie bereits hinter sich. Attraktiv macht sich ein Unternehmen für Lieferketten aber nicht nur durch die Nutzung künftiger, sondern auch – und das in starkem Maße – durch die Nutzung heutiger Erfolgspotenziale. Damit werden wir uns auf den folgenden Seiten beschäftigen. Es sind anspruchsvolle Seiten, die aber, wenn man jeden unserer Schritte konzentriert mitverfolgt, Werkzeuge bieten, die äußerst wirksam sind.

Für das Thema Innovation und auch für die Themen, die nun folgen, gilt eine gemeinsame Überschrift: Klarheit. Es wird nun darum gehen, die Wettbewerbsstellung zu klären, Stärken und Schwächen zu erkennen, sich klar zu werden über die Konsequenzen, die aus den Analyseergebnissen zu ziehen sind, Klarheit in Organisationsstruktur und Projektmanagement zu schaffen. Wenn Sie diese Stationen hinter sich haben, fehlt noch ein Punkt im Fitnessprogramm: PR und Marketing (Kapitel 5). Dann aber ist Ihr Unternehmen fit für den Mannschaftssport. Dann ist es attraktiver Team Player und erfolgreicher Anwärter auf einen Platz in einer Lieferkette. Management schafft Klarheit im Unternehmen auf allen Ebenen und wird so zur gestaltenden Kraft.

1. Heutige Ertragspotenziale erkennen und nutzen

Modernes und effektives Innovationsmanagement trägt sicherlich entscheidend dazu bei, dass Unternehmen für eine Lieferkette ein attraktiver Partner sind oder werden. Aber es ist bei weitem nicht ausreichend! Der Weg vom erfolgreichen Einzelunternehmen zum integralen Bestandteil einer Lieferkette verlangt mehr. Das Unternehmen muss sich heute als Partner empfehlen, muss heute Erfolge und eine stabile Position im Markt vorweisen. Eine erfolgsorientierte Strategie berücksichtigt deshalb nicht nur neue, künftige Ertragspotenziale. Gutes und richtiges Management zielt vor allem auf die konsequente und bestmögliche Nutzung heutiger Ertragspotenziale ab. Unternehmen, deren Produkte einen bedeutenden relativen Marktanteil besitzen, werden sich im Rahmen der laufenden Konzentrationsbewegungen eher behaupten. Dies gilt sowohl für pro-

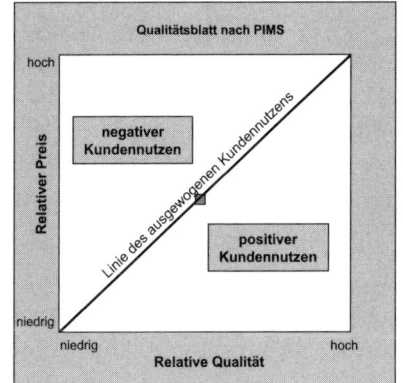

Qualitätsblatt nach PIMS

- eigener Preis im Vergleich zu dem der wichtigsten Konkurrenten

hoch

Relativer Preis

negativer Kundennutzen

Linie des ausgewogenen Kundennutzens

positiver Kundennutzen

niedrig

niedrig   hoch

Relative Qualität

Die »richtige« Qualität zum »richtigen«Preis, jeweils aus der Sicht des Kunden

- Qualität aus Sicht des Kunden
- gemessen anhand der kaufentscheidenden Produkt- und Servicemerkmale
- im Vergleich zu den wichtigsten Konkurrenten

Der Kundennutzen ist ein wesentlicher Faktor, um attraktiver Partner einer Lieferkette zu sein.

3.1: Kundennutzen
(Quelle: Management Zentrum St. Gallen und PIMS)

duzierende Zulieferer als auch für Entwicklungs-Dienstleister. Der Marktanteil selbst hängt vor allem von relativem Preis und relativer Qualität ab. Relativ deshalb, weil Preis und Qualität im eigenen Unternehmen immer im Vergleich zu Preis und Qualität der wichtigsten Mitbewerber betrachtet werden müssen. Nur wer die »richtige Qualität« zum »richtigen Preis« liefert, besitzt einen großen Marktanteil bzw. hat die Chance, Marktanteile hinzuzugewinnen. Die Kriterien zur Beurteilung der beiden Größen gibt der Kunde vor. Er bestimmt, was »richtig« ist. Entscheidende Kriterien für die »richtige« Qualität sind die kaufentscheidenden Produkt- und Servicemerkmale. Ist aus Kundensicht das Verhältnis von Preis und Qualität in Ordnung, sprechen wir von einem ausgewogenen Kundennutzen. Ausgehend von dieser Linie des ausgewogenen Kundennutzens gibt es zwei Möglichkeiten, sich in den Bereich des positiven Kundennutzens zu bewegen. Entweder erhöht das Unternehmen die Qualität bei gleichem Preis, oder es behält die Qualität bei und reduziert den Preis. Den Zusammenhang von relativem Preis und relativer Qualität beschreibt Grafik 3.1 in der Übersicht.

Der Kundennutzen entscheidet über den Gewinn von Marktanteilen. Gleichzeitig mit der Analyse des Kundennutzens, den das eigene Unternehmen stiftet, ist auch der Kundennutzen der Mitbewerber zu betrachten. Nur so erhält man einen Lagebericht, aus dem sich Konsequenzen für die Strategie ableiten lassen.

Die Messung des Kundennutzens ist ein wirkungsvolles Werkzeug, um die Position des eigenen Unternehmens im Wettbewerb zu bestimmen. Es basiert auf der Datenbank PIMS (siehe Kasten), in der Investment und Wertschöpfung sowie zahlreiche weitere Kriterien quantifiziert werden. Die Messung des Kundennutzens bietet die Möglichkeit, mit reduziertem Datenmaterial aufschlussreiche Analysen durchzuführen. Für grundsätzliche Betrachtungen zur Marktsituation und zur Beantwortung der Frage »Wie wird ein Unternehmen attraktiver Partner der Lieferkette?« ist aus unserer Sicht das Instrument zur Bewertung unternehmensspezifischer Kriterien vollkommen ausreichend. Es ist eine einfache, sehr praxisnahe und wirkungsvolle Methode, gerade im dynamischen Automotive-Umfeld den Status quo in den eigenen Geschäftsfeldern zu bestimmen. Die Ergebnisse stellen eine ausgezeichnete Grundlage für die weiteren strategischen Entscheidungen dar.

Wir möchten das Thema des Kundennutzens nicht theoretisch abhandeln. Deshalb stellen wir die Zusammenhänge anhand eines Beispiels dar. Der Fall ist authentisch und wurde im Rahmen eines Beratungsprojektes erarbeitet. Namen sowie Angaben zu Ort und Zeit wurden geändert.

Analyse der Wettbewerbsstellung nach PIMS

Bereits in den 60er Jahren entstand bei General Electric ein Instrument, um die aktuelle Marktposition unter Berücksichtigung verschiedener Kernfaktoren des Unternehmenserfolges zu analysieren und transparent darzustellen. Einer der Kernfaktoren ist der Kundennutzen. Mitte der 70er Jahre entwickelte die Harvard Business School diese Methode weiter und gliederte sie schließlich 1975 in das gemeinnützige Strategic Planning Institute, Cambridge/Massachusetts, aus. Das Institut gründete Ende 1982 eine europäische Repräsentanz in London, baute zur weiteren Expansion in Europa Vertretungen in Skandinavien, Deutschland, Österreich und Italien auf und ging eine Kooperation mit dem Management Zentrum St. Gallen ein.

Die Datenbank, auf die heute zahlreiche Unternehmen zurückgreifen, heißt »Profit Impact of Market Strategy« (PIMS). Sie enthält jeweils etwa 500 Daten aus rund 3000 Geschäftsfeldern. Nach Erwerb der PIMS-Mitgliedschaft ist im Grunde jedes Unternehmen in der Lage, die eigene Wettbewerbsstellung zu ermitteln. Dabei werden die Unternehmensinformationen mit den Referenzdaten der Datenbank verglichen und ausgewertet. Die Ergebnisse sind Grundlage für die Erarbeitung strategischer Stoßrichtungen.

Der Fall: »KE-Partner – Relative Qualität/Relativer Preis«

Ausgangslage

Die Gründung der Firma *KE-Partner* im Jahr 1998 war das Ergebnis eines »Spin Offs« der Abteilung *Karosserieentwicklung* eines etablierten deutschen Entwicklungs-Dienstleisters. Geschäftsführer von *KE-Partner* ist der ehemalige Abteilungsleiter. Das Unternehmen, das als erster Entwicklungs-Dienstleister nach ISO 9000:2000 und VDA 6.2. zertifiziert wurde, beschäftigt heute etwa 25 hochqualifizierte Ingenieure. Sie sind in der Karosserieentwicklung hauptsächlich für einen süddeutschen Automobilhersteller tätig. Die positive Entwicklung des Umsatzes in diesem strategischen Hauptgeschäftsfeld (SGF) zeigt, dass der Kunde die Karosseriekompetenz von *KE-Partner* sehr schätzt.

Um den Vorsprung langfristig zu sichern und strategischer Partner zu bleiben, plant *KE-Partner*, in Folgeprojekten mit einem Unternehmen zu kooperieren. Mit dessen Erfahrung in der Erprobung, dem Prototypenbau und der Fertigungsüberleitung (Planung) ließe sich die Prozesskette im Bereich der Karosserieentwicklung schließen (Grafik 3.2).

Vor der endgültigen Entscheidung führt *KE-Partner* eine Analyse durch, um herauszufinden, wie sinnvoll die strategische Allianz ist. Eine optimale Kundenorientierung steht im Mittelpunkt aller Aktivitäten. Die zentralen Fragen der Analyse sind deshalb: Wie sieht die vorhandene relative Qualität aus der Sicht des Kunden aus und welche Verbesserungen sind notwendig, um die Marktposition zu stärken? Macht die Kooperation Sinn? Da die Erhebung möglichst objektiv sein soll, sind neben den Geschäftsführern und der kaufmännischen Leitung von *KE-Partner* auch Mitarbeiter des Kunden in der verantwortlichen Arbeitsgruppe. Es entsteht so eine Mischung aus Eigen-

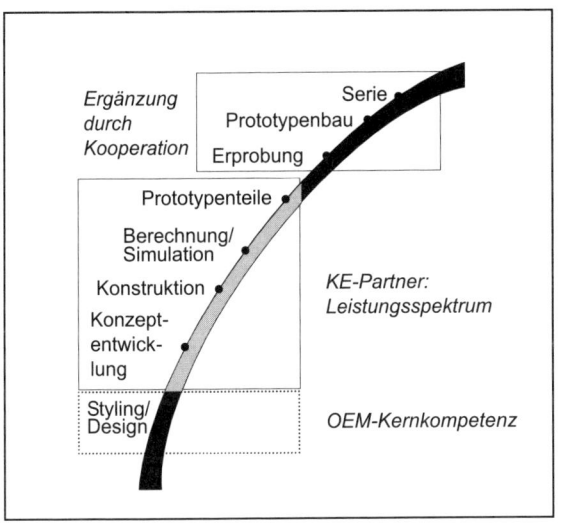

3.2: Prozesskettenausweitung: Weg zum strategischen Entwicklungspartner

und Fremdbild. Eine Bewertung mit einer »rosaroten Brille« wäre ebenso wenig zielführend wie ein »überkritisches Messniveau«.

Bewertung

Um eine marktorientierte Kundennutzenanalyse durchführen zu können, werden neben *KE-Partner* auch die drei Mitbewerber A, B und C beurteilt.

Aus den Erfahrungen der letzten Anfragen weiß man, dass der Kunde das Produkt »Technische Entwicklung« und alle dienstleistungsbezogenen Merkmale etwa gleich gewichtet.

Zuerst betrachtet die Arbeitsgruppe die produktbezogenen Merkmale und bewertet das eigene und schließlich die konkurrierenden Unternehmen. Die produktbezogenen Merkmale sind:

1. Technische Kompetenz (Werkzeuge: Hard-/Software, selbständige Entwicklungsfähigkeit, fertigungstechnische Machbarkeit der Entwicklungen)
2. Umsetzungskompetenz (termingerechte Serienreife, Flexibilität: z.B. 7d 24h, Betreuung/Aussteuerung der produzierenden Zulieferer)
3. Erfahrung in der Konstruktion (kundenspezifisch)

Technische Kompetenz ist das für den Kunden wichtigste Kriterium, die beiden anderen zählen zu gleichen Teilen.

Die Mitarbeiter von *KE-Partner* sind seit über zehn Jahren in verschiedenen Projekten des Kunden tätig. Sie verfügen über eine ausgezeichnete Erfahrung in seinen konstruktionsrelevanten Eigenheiten. Die Mitbewerber A und B besitzen eine gute Erfahrung, C hingegen wird aufgrund oberflächlicher Kontakte in diesem Bereich eine Stufe niedriger bewertet. Ähnlich verhält es sich mit der technischen Kompetenz. A, B und C werden in diesem Kriterium analog der Erfahrung eingestuft. *KE-Partner* hat vor allem in aktuellste Soft- und Hardware investiert, um fertigungstechnische Machbarkeiten bestmöglich berücksichtigen zu können, und ist in Bezug auf die selbständige Entwicklungsfähigkeit als exzellent einzustufen. Sehr gut ist auch die Umsetzungskompetenz im Hinblick auf eine termingerechte Serienreife, da an jedem Tag der Woche rund um die Uhr gearbeitet werden kann und somit ein höchstes Maß an Flexibilität besteht. Zudem unterstützen langjährige Erfahrungen nicht nur mit dem Kunden, sondern auch mit den Lieferanten der Lieferkette die Fähigkeit, zielgerecht Konstruktionen für Prototypen und Serie umzusetzen. Das gleiche gilt für den Mitbewerber B. A und C haben sich ganz gut entwickelt, noch fehlt aber der Anschluss zu den Vorreitern.

Die dienstleistungsbezogenen Merkmale werden ihrer Bedeutung nach in folgenden Hauptgruppen zusammengefasst,

wobei die Wichtigkeit für den Kunden kontinuierlich von 1. bis
4. abnimmt:

1. Strategische Partnerrolle (wirtschaftliche Unabhängigkeit, Zuverlässigkeit, Image, Volumenprojekte)
2. Managementkompetenz
3. Kultur (vertraute Ansprechpartner, Erfahrung in der
   OEM-Organisation, Konstanz in der Vorgehensweise)
4. Angebotskompetenz (hohe Transparenz, realisierba-
   rer *value for the money*, Unterstützung des Einkaufs)

Die Rolle des strategischen Partners erfüllt der Mitbewerber A
ausgezeichnet. Als börsennotiertes Unternehmen ist A wirtschaftlich stark und somit für großvolumige Projekte mit entsprechenden Vorleistungen bestens geeignet. Das Image des
europaweit tätigen Unternehmens und die Zuverlässigkeit in
der Projektabwicklung bilden eine ausgezeichnete Basis für eine
strategische Partnerschaft. B und C hingegen sind lediglich ganz
gut in diesem Punkt, *KE-Partner* ist etwas besser, aber noch
nicht sehr gut.

Als sehr gut ist *KE-Partner* in allen unternehmenskulturel-
len Kriterien einzuordnen. In den Jahren gemeinsamer Entwicklungsaktivitäten hat man vertraute Ansprechpartner gewonnen, die vor allem die personelle Kontinuität bei *KE-Partner* sehr schätzen. Fehlende Erfahrung in der Organisation des
Kunden sind ausschlaggebend für die um eine Stufe in der Skala
niedriger ausfallende Bewertung der Firmen A und B. Nur als
zufriedenstellend einzustufen ist hingegen C, da das Unternehmen in der Vergangenheit wenig Konstanz in der Vorgehensweise zeigte.

Die Managementkompetenz von A ist sehr gut und somit
deutlich besser als die von *KE-Partner*, B und C, die jeweils nur
als ganz gut einzustufen sind. Die Forderung des Hauptkunden

nach qualifizierten Projektmanagern, die technisch und wirtschaftlich gleichermaßen in der Lage sind, Projekte termingerecht zu steuern, wird weder von *KE-Partner* noch von B und C gut erfüllt.

Die zunehmende Komplexität in den Projektanfragen, die für Module der Karosserie eine durchgängige Prozesskette fordern, hat in der letzten Zeit dazu geführt, dass eine hohe Transparenz in den Angeboten an Bedeutung gewonnen hat. Der Einkauf muss in der Lage sein, die Angebote der Mitbewerber zu vergleichen. *KE-Partner* und Mitbewerber A sind aufgrund ihrer Erfahrung fähig, dem Anforderungsprofil zu folgen und sehr gute Angebote abzugeben. Die Angebote von C werden als ganz gut erachtet, die von B bestenfalls als zufriedenstellend eingestuft.

Im Rahmen einer Kaufentscheidung werden die Qualitätsmerkmale mit 60 Prozent höher eingeschätzt als der Preis, dem im Engineering-Sektor nur 40 Prozent Bedeutung eingeräumt werden. Trotzdem muss dieser zur Ermittlung der relativen Qualität aus Kundensicht selbstverständlich berücksichtigt werden. *KE-Partner* hat derzeit einen Preis von 76,70 Euro pro Entwicklungsstunde. A mit 65,20 Euro und B mit 69 Euro pro Entwicklungsstunde liegen günstiger. C hingegen hat in der Rahmenvereinbarung mit dem Kunden einen Preis von 84,40 Euro pro Entwicklungsstunde fixiert.

Datensammlung und Analyse

Alle Angaben werden in einem Erhebungsformular zusammengefasst. Zur Beurteilung der Kriterien wird eine Werteskala festgelegt, die von 0 bis 10 reicht:

10 Punkte: exzellent
9 Punkte: ausgezeichnet
8 Punkte: sehr gut

7 Punkte:	gut
6 Punkte:	ganz gut
5 Punkte:	zufriedenstellend
4 Punkte:	halbwegs zufriedenstellend
3 Punkte:	schwach
2 Punkte:	sehr schwach
1 Punkt:	ungenügend
0 Punkte:	nicht vorhanden

Im Anschluss ermittelt die Arbeitsgruppe die Kriterien, die zur Beurteilung des Produktes (Entwicklung) und der Dienstleistung des Unternehmens am wichtigsten sind. Der Preis bleibt vorläufig unberücksichtigt. Die Kriterien werden den beiden Kategorien »produktbezogene Merkmale« und »dienstleistungsbezogene Merkmale« zugeordnet und entsprechend der Bedeutung für den Kunden gereiht. Bezogen auf 100 Prozent werden nun die »produktbezogenen« zu den »dienstleistungsbezogenen Merkmalen« gewichtet. Gemäß der Werteskala werden die Punkte für jedes Unternehmen in jedem Kriterium erfasst. Zuerst für *KE-Partner*, dann für die Mitbewerber A, B und C.

Bisher spielte der Preis keine Rolle. Nun wird auch er berücksichtigt. Das Preisniveau von *KE-Partner* wird auf 100 festgesetzt. Daraus ergibt sich der relative Preisindex der Mitbewerber, der entsprechend angepasst und eingetragen wird. Abschließend erfolgt eine Gewichtung zwischen Qualität und Preis aus Sicht des Kunden für den Fall des Kaufentscheides. Bei der Eigenbilderhebung oder der Mischung aus Eigenbild- und Fremdbilderhebung muss man über fundierte Marktkenntnisse verfügen. Ansonsten macht diese Betrachtung keinen Sinn. Alle erarbeiteten Informationen werden in einem Erhebungsformular zusammengefasst (Grafik 3.3).

Das Erhebungsformular für den beschriebenen Fall zeigt

Erhebung der relativen Qualität aus Kundensicht

SGF	Konstruktion Karosserie Zelle + Türen Klappen (Aufbau/einschl. Ausst.)
Marktsegment	OEM
Beurteilt aus Sicht	GL / kfm. Ltg. / Kunde

Qualitätsmerkmale aus Kundensicht	Gewichtung		Bewertung		
(für die Kaufentscheidung, nicht preisbezogen)	Wichtigkeit	KE-P	Konkurrenten		
	für Kunden		Vorgabe		
Produktbezogene Merkmale			A	B	C
1. Technische Kompetenz (Werkzeuge: Hard-/ Software, selbständige Entwicklungsfähigkeit, fertigungstechnische Machbarkeit)	20%	10	7	7	6
2. Umsetzungskompetenz (termingerechte Serienreife, Flexibilität: z.B. 7d 24h, Betreuung / Aussteuerung Supply Chain)	15%	8	6	8	6
3. Erfahrung in der Konstruktion (kundenspezifisch)	15%	9	7	7	6
Summe	50%				

Dienstleistungsbezogene Merkmale		KE-P	A	B	C
4. Strategische Partnerrolle (wirtschaftliche Unabhängigkeit, Zuverlässigkeit, Image, Volumenprojekte)	20%	7	9	6	6
5. Managementkompetenz	15%	6	8	6	6
6. Kultur (vertraute Ansprechpartner, Erfahrung in OEM-Organisation, Konstanz in der Vorgehensweise)	10%	8	7	7	5
7. Angebotskompetenz (hohe Transparenz, realisierbarer value for money, Unterstützung des Einkaufes)	5%	8	8	6	5
Summe	50%				

Gewichtete		Marktanteil (MA) in %	20	30	20	10
Kaufentscheidung		Relativer Einstandspreis (Index)	100	85	90	110
Qualität	40					
Preis	60	**Anzahl der Konkurrenten**	3			
Summe	100	A. Konkurrent A				
		B. Konkurrent B				
		C. Konkurrent C				

3.3: Zusammenfassung der Erkenntnisse

(Quelle: Management Zentrum St. Gallen und PIMS)

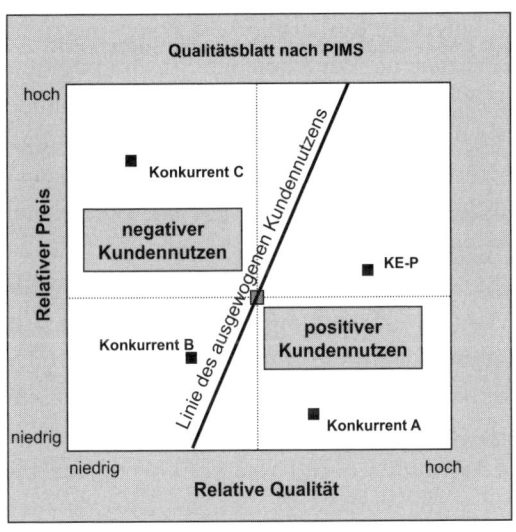

3.4.: Value Map – Kundennutzenanalyse *KE-Partner*
(Quelle: Management Zentrum St. Gallen und PIMS)

Grafik 3.3. Analog dazu lässt sich nun mit Hilfe von PIMS der Kundennutzen von *KE-Partner* sowie den Mitbewerbern A, B und C auch grafisch darstellen. Das Qualitätsblatt nach PIMS, auch Value Map genannt, fasst dies in Grafik 3.4 zusammen.

KE-Partner befindet sich im Bereich des positiven Kundennutzens. Das heißt: Die hohe Qualität hat einen relativ niedrigen Preis. Dieses Ergebnis lässt sich auch in der Praxis an einer Messgröße ablesen, nämlich an dem Verhältnis von abgegebenen Angeboten zu erhaltenen Aufträgen. Nur alleine den Auftragseingang zu betrachten wäre monokausal und wenig aufschlussreich. *KE-Partner* hat eine große Zahl an Angeboten abgegeben und auch eine große Zahl an Aufträgen erhalten. Das spricht für einen hohen Kundennutzen.

Für *KE-Partner* besteht dennoch Handlungsbedarf. Das Unternehmen liefert im Verhältnis zum Preis eine zu hohe Qualität. Das führt zwar auf der einen Seite zu einem guten Auftragseingang, bringt auf der anderen Seite ein nur mäßiges Betriebsergebnis. Es wird deutlich: Der Qualitätsvorsprung gegenüber den Mitbewerbern schlägt sich nicht im Preis nieder. Zielorientiertes Handeln ist erforderlich, um die Wirtschaftlichkeit zu gewährleisten.

Die Value Map ist ein geeignetes Instrument zur Beurteilung der Wettbewerbsstellung. Daraus lassen sich wesentliche Informationen zur Strategieentwicklung ableiten. Um die relevanten Wettbewerbsvor- und -nachteile auf einem weiteren Blatt transparent darzustellen, bedient man sich bei PIMS des so genannten Attribute Chart. Diese Konkurrenzanalyse hilft, erste Suchfelder für Verbesserungen in der Unternehmensentwicklung zu definieren und Argumente für Marketing und Vertrieb zu sammeln.

In einer Übersicht zeigt sie zusammengefasst die beurteilten Kriterien und ordnet sie entsprechend ihrer Bedeutung. Der Grad der Über- oder Unterlegenheit im Vergleich zum Mitbewerb (Bewertungsdifferenz zum Durchschnitt der Mitbewerber) macht deutlich, in welchen Bereichen die Qualität gehalten oder verbessert werden muss. Für den beschriebenen Fall *KE-Partner* lassen sich aus dem Attribute Chart zwei eindeutige Ansatzpunkte herauslesen.

KE-Partner besitzt in zwei Bereichen Wettbewerbsnachteile: in der Managementkompetenz und in der strategischen Partnerrolle. Das dienstleistungsbezogene Merkmal der strategischen Partnerrolle umfasst wirtschaftliche Unabhängigkeit, Zuverlässigkeit, Image und Volumenprojekte. Hier muss das Unternehmen ansetzen. Entweder erarbeitet es sich die Fähigkeiten selbst oder integriert sie über eine Kooperation, die die Schwachstellen kompensieren kann. Mit diesem Ergebnis liegt *KE-Partner* die Antwort auf die eingangs gestellte Frage nach

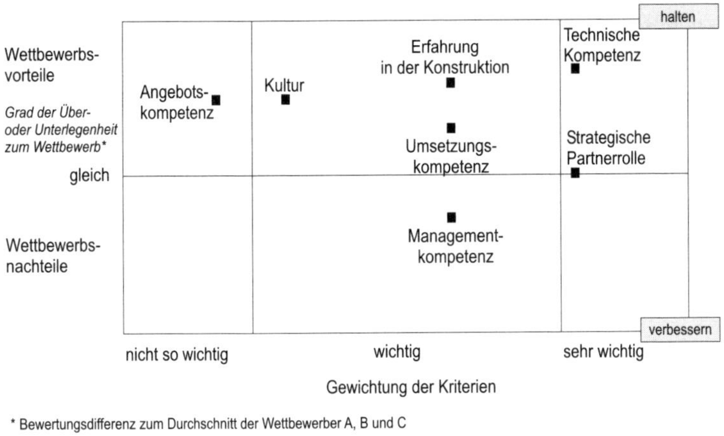
halten
Wettbewerbs-
vorteile
Grad der Über-
oder Unterlegenheit
zum Wettbewerb*
gleich
Wettbewerbs-
nachteile
Angebots-
kompetenz
Kultur
Erfahrung
in der Konstruktion
Umsetzungs-
kompetenz
Management-
kompetenz
Technische
Kompetenz
Strategische
Partnerrolle
verbessern
nicht so wichtig
wichtig
sehr wichtig
Gewichtung der Kriterien
* Bewertungsdifferenz zum Durchschnitt der Wettbewerber A, B und C

3.5: Attribute Chart nach PIMS
(Quelle: Management Zentrum St. Gallen und PIMS)

der Kooperation vor. Das Unternehmen kann sich über eine strategische Allianz in beiden Bereichen verbessern. Der Kooperationspartner ist wirtschaftlich unabhängig, besitzt ein zuverlässiges Image sowie langjährige Erfahrung im Management großvolumiger Projekte. Eine Ergänzung der Kompetenzen beider Unternehmen wird einen dauerhaft verteidigungsfähigen Vorsprung schaffen.

Structure Follows Strategy

Bevor wir zu einem nächsten bedeutenden Schritt kommen, lassen wir kurz Revue passieren, welchen Weg wir bisher gegangen sind. Zunächst haben wir im ersten Kapitel die Situation in der Automobilindustrie analysiert, die Veränderungen sowie die sich aus der Neustrukturierung ergebenden Konsequenzen für die Zulieferindustrie beschrieben. Im Fokus stand anschließend die Bedeutung von gutem Innnovationsmanagement (Kapitel 2). Wir haben Innovation als einen wesentlichen Bestandteil der Unternehmensstrategie an zwei konkreten Beispielen analysiert sowie Irrmeinungen zum Thema korrigiert. Innovation bedeutet vor allem die Nutzung künftiger Ertragspotenziale. Doch darauf darf das Augenmerk nicht allein liegen. Und deshalb beschäftigt sich der erste Teil des dritten Kapitels mit relativem Preis und relativer Qualität zur konsequenten Nutzung heutiger Ertragspotenziale. Die Erhebung des Kundennutzens am konkreten Praxisbeispiel zeigt, dass Value Map und Attribute Chart ebenso einfache wie wirkungsvolle Werkzeuge sind, die Marktstellung des eigenen Unternehmens grundsätzlich zu analysieren und gegebenenfalls mögliche Partnerschaften im Hinblick auf eine strategische Allianz zu bewerten. Eine Partnerschaft ist nur dann erfolgreich, wenn beide Unternehmen durchleuchten, was sie in einer Kooperation zum gemeinsamen Erfolg beitragen können. Strategische Stärken und Schwächen müssen geklärt werden, und zwar indem man die im eigenen Unternehmen bestehenden Kernfähigkeiten im Vergleich zum Mitbewerb analysiert. Erst wenn eine Verzahnung der Kompetenzen Erfolg verspricht, sollten technologische und wirtschaftspolitische Rahmenbedingungen verhandelt werden.

Andere Aufgaben und mehr Verantwortung erfordern von allen Partnern in der Lieferkette Anpassungsleistungen, die Grundlage für strategische Allianzen sind. Diese Erkenntnis reicht nicht aus, um sich den neuen Herausforderungen zu stellen. Innovationskompetenz und hoher Kundennutzen sind zweifellos Voraussetzungen, die ein Unternehmen erfüllen muss, um sich in einer Lieferkette zu etablieren. Erfolg in vernetzten Strukturen verlangt aber weitere bedeutende Fähigkeiten. Betrachten wir das bereits im zweiten Kapitel angesprochene Spannungsfeld zwischen Strategie, Struktur und Kultur. Bisher haben wir uns ausschließlich mit Strategiethemen auseinandergesetzt. Wenden wir uns der Struktur in Unternehmen zu und folgen dem Grundsatz: Structure Follows Strategy.

2. Organisation und Schnittstellenbeherrschung im Unternehmen

Integrations- und Schnittstellenkompetenz gewinnen im Rahmen komplexer Projekte zunehmend an Bedeutung. Als Bestandteil der Lieferpyramide kann ein Unternehmen seine Aufgaben in komplexen Projekten nur dann erfolgreich bearbeiten, wenn es Schnittstellen sowohl zum Automobilhersteller als auch zu allen Projektpartnern sorgfältig pflegt, deren Bedürfnisse kennt und wenn die Kommunikation in beiden Richtungen optimal funktioniert. Das gilt nicht nur für Unternehmen, die in vernetzten Strukturen Koordinationsaufgaben übernehmen, sondern für alle am Prozess beteiligten Parteien.

Mit einer zunehmenden Größe der Projekte passt sich die Unternehmensstruktur in der Regel nach dem Muster in Grafik 3.6 an.

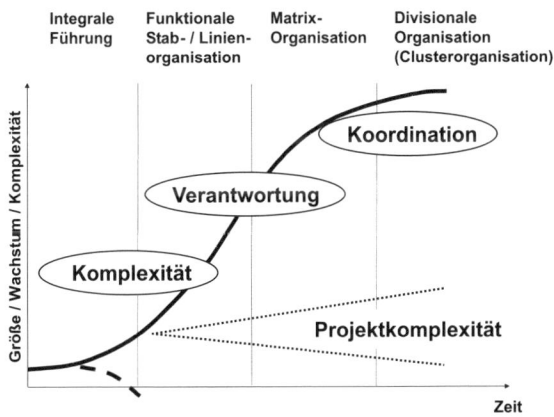

3.6: Organisationsdynamik in Unternehmen bei einer zunehmenden
Komplexität der Projekte
(Quelle: Management Zentrum St. Gallen)

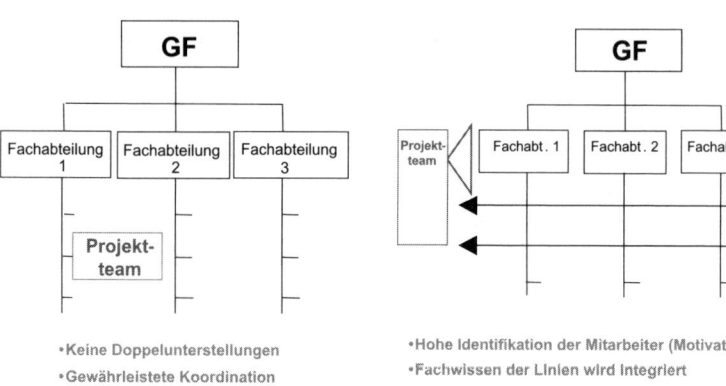

- Keine Doppelunterstellungen
- Gewährleistete Koordination
- Geringe Reibungsverluste im Team
- **Schwache Projektverantwortung**
- **Schwache Stellung des Projektleiters**
- **Schwerfällige Entscheidungsprozesse**

↳ Projekte überschaubarer Größe

- Hohe Identifikation der Mitarbeiter (Motivation)
- Fachwissen der Linien wird integriert
- Wirtschaftliche Lösung
- **Doppelunterstellungen (techn. / wirtschaftl. Verantwortung)**
Traditionsgemäß Friktionsgefahr
Problem der Projektgruppenauflösung

↳ Projekte, die mehrere Fachabteilungen betreffen

3.7: Projekt-Koordination   3.8: Matrixorganisationen

Die einfachste Organisationsform ist die der integralen Führung. Man findet sie vor allem bei Kleinunternehmen bzw. Unternehmensgründungen, solange die Zahl der Mitarbeiter noch überschaubar ist. Zunehmende Komplexität, verursacht durch ein stetiges Wachstum, führt zu funktionalen Stab-/Linienorganisationen. Das Unternehmen ist strukturiert in Abteilungen mit Linienfunktion wie Einkauf, Entwicklung, Fertigung und in Abteilungen mit Stabsfunktion wie Qualitätsmanagement und Kommunikation. Projekte überschaubarer Größe können noch in den einzelnen Fachabteilungen bearbeitet und entsprechend zielgerichtet umgesetzt werden. Diese Art der Projektbearbeitung bezeichnet man als »Projekt-Koordination« (Grafik 3.7).

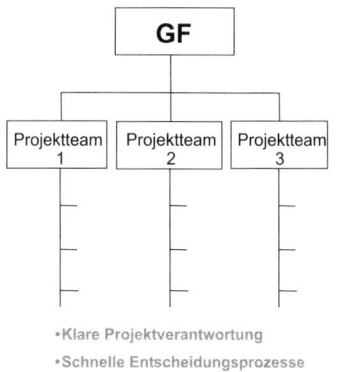

| GF |
| Projektteam 1 | Projektteam 2 | Projektteam 3 |

- Klare Projektverantwortung
- Schnelle Entscheidungsprozesse
- Integrale Entscheidungsprozesse
- **Keine optimale Nutzung der Fachkompetenzen**
- **Exponierte Projektleiterstellung**
- **Problem der Projektgruppenauflösung**

✍ Großprojekte, für welche auch Sublieferanten in größerem Umfang erforderlich sind

3.9: Reine Projektorganisation

Organisationstyp	Vorteile	Nachteile
Integrale Führung	• Schnelle Entscheidungen • Stabile und geschlossene Corporate Identity • Kurze Wege • Kundennähe	• Chef wird zum Engpass • Begrenzte Ressourcen • Kapazitätsproblem
Funktionale Stab-/Linienorganisation	• Effizienz • Produktivität • Funktionale Spezialisierung	• Kunde verschwindet aus Blickfeld • innengerichtet
Matrixorganisation (marktorientiert)	• Marktnähe	• Doppelunterstellungen • Schnittstellenprobleme • Vorgehensregelung
Divisionale Organisation	• Fokussierung auf den Kunden • Klare Ergebnis-/Prozessverantwortung	• Ressourcenproblem • mehr und bessere Führungskräfte erforderlich

3.10: Vor- und Nachteile (Quelle: Management Zentrum St. Gallen)

Eine zunehmende Verantwortung in größeren Projekten, die häufig mehr als eine Fachabteilung betreffen, veranlasst die Unternehmen oftmals, zweidimensionale Organisationen zu entwickeln. Projektteams bedienen sich für die Laufzeit eines Projektes der Mitarbeiter aus verschiedenen Abteilungen. Man spricht dann von »Matrixorganisationen« (Grafik 3.8).

Nehmen Koordinationsaufgaben weiter zu, beispielsweise in der Verantwortung für größere Module oder Gesamtfahrzeugprojekte, in denen Sublieferanten an verschiedenen Standorten gesteuert werden müssen, kann ein Unternehmen mit der Bildung einer divisionalen Organisation reagieren. Die Struktur richtet sich nach den Projekten. Pro Projekt wird eine eigene Organisationseinheit gebildet, die sich nach Abschluss des Projekts wieder auflöst. Eine solche Clusterorganisation wird auch als »reine Projektorganisation« bezeichnet (Grafik 3.9). Je komplexer die Projekte werden, desto stärker müssen Unternehmen ihre eigenen Organisationen anpassen. Grafik 3.10 fasst Vor- und Nachteile der Organisationstypen zusammen.

Zulieferer und Entwicklungs-Dienstleister leben heute in einer Projektlandschaft. Sie prägt die Struktur in den Unternehmen. Die meisten sind zwar nicht nach Projekten organisiert, müssen aber zumindest in Projekten denken. Und deshalb ist gerade die Anpassung der Projektstruktur von zentraler Bedeutung. Um die Entwicklung einer Projektstruktur möglichst anschaulich zu vermitteln, stellen wir in nachfolgender Fallstudie ein Szenario dar, das eine zielgerichtete Organisationsgestaltung erfordert. Dabei handelt es sich um ein fiktives, aber realitätsnahes Beispiel, das auch dem Zweck dient, das Thema des professionellen Projektmanagements, das in Kapitel 2 unter strategischen Gesichtspunkten behandelt wurde, nun für ein konkretes Beispiel zu beschreiben.

Der Fall: »Entwicklung eines Konzeptfahrzeugs«

Ausgangslage

Die Firma *Motor Car Division (MCD)* ist ein unabhängiger Personenwagenhersteller aus Nordamerika. Als eigenständig operierendes Unternehmen fertigt es die Fahrzeugtypen Magician C15 und Gentlex D25, Modelle der oberen Mittelklasse bzw. der Luxusklasse, und vertreibt diese auf den Weltmärkten. *MCD* denkt über eine Erweiterung des bestehenden Modellangebotes nach, um damit den langfristigen Erfolg des Unternehmens abzusichern. Man prüft die Produktionsmöglichkeiten und führt unter Berücksichtigung möglicher Marktnischen eine Marktuntersuchung durch, um herauszufinden, welche Modellergänzungen sinnvoll wären. Nach Analyse der Ergebnisse entscheidet sich die Unternehmensführung für die Präsentation eines GT-Sportwagens. Sie verfolgt damit zwei Ziele: Untersuchung der Marktakzeptanz für ein solches Fahrzeug und Dokumentation der bestehenden technischen Kompetenz.

MCD möchte das *fahrfähige Konzeptfahrzeug* bereits nach zehn Monaten *(45 Kalenderwochen)* auf dem internationalen Automobilsalon in Bologna präsentieren und es im direkten Anschluss der europäischen Fachpresse für Tests zur Verfügung stellen.

MCD besitzt weder die Ressourcen für die Entwicklung dieses Konzeptfahrzeuges noch entsprechende Kompetenz in diesem Marktsegment. Deshalb vergibt das Unternehmen das Gesamtfahrzeugprojekt an den langjährigen Engineering-Partner *Design & Development (D&D)*. *D&D*, als qualifizierter Spezialist für Konstruktion, Prototypenbau und Erprobung von Rohkarosserien und Innenausstattungen bekannt, hat bisher keine Erfahrung in der Konzeption und Entwicklung von Gesamtfahrzeugen. Da man aber ein Projekt des langjährigen Kunden *MCD* nicht ablehnen kann, sucht *D&D* einen weiteren Partner, der die Kreativität und die Entwicklungskompetenz besitzt, den GT-Sportwagen kostenoptimal zu konzipieren und als Prototypen zu entwickeln. *D&D* wird fündig und verständigt sich mit der deutschen Firma *ENGINEERINGKOMPETENZ (EK)*, dass diese das Konzeptfahrzeug anbietet, entwickelt und den Prototypen baut.

Entwicklungskonzept

D&D erarbeitet gemeinsam mit *EK* ein Entwicklungskonzept. Das Design des Sportwagens lehnt sich an die Rennprototypen der 70er Jahre an. Es handelt sich um ein Mittelmotorfahrzeug mit, entsprechend der Vorgabe, herausragenden Fahrleistungen.

Das Entwicklungskonzept sieht einen eigenen Rahmen aus

Stahl (Steifigkeit) vor, der die Karosserie aus Hybrid-Materialen (GFK), das komplette Fahrwerk und den Antriebstrang aufnimmt. Die geforderte Fahrdynamik wird realisiert mit einem 250 PS starken 6-Zylinder-Motor (Übernahmemodul eines bekannten deutschen Sportwagenherstellers) sowie einem Fahrzeugleergewicht von rund 800 Kilogramm. Doppelte Querlenker, Schubstreben sowie einstellbare Stoßdämpfer an Vorder- und Hinterachse verleihen dem GT-Sportwagen die erforderliche Fahrstabilität. Elektrik- und Elektronikkomponenten sollen möglichst logisch und transparent entwickelt werden, um nachträglich Komponenten und Funktionen wie Airbag, ABS oder ASR integrieren zu können. Anbauteile wie Außenspiegel, Scheibenwischer oder Zusatzbeleuchtung werden aus Gewichtsgründen ebenfalls einfach gestaltet, entsprechen aber den europäischen Zulassungsbestimmungen. Der Innenraum wird mit speziellen Werkstoffen von ausgesuchter Qualität wie Aluminium, Leder und Carbon ausgestattet.

Für die technische Dokumentation einigt man sich auf eine detaillierte Auflistung der Projektschritte, anfragefähige Unterlagen für den Einkauf (Zeichnungen mit Funktionsmaßen) und Präsentationsentwürfe für die Marketingabteilung von *MCD*.

Angebot als Basis für den Auftrag

Der Vorstand von *MCD* verabschiedet das Konzept und fordert ein Angebot für die Entwicklung und den Bau des fahrfähigen Konzeptfahrzeugs an. *D&D* beginnt also in Zusammenarbeit mit *EK* ein fundiertes Angebot zu erstellen, das neben der Leistungsbeschreibung und den Terminen (Grafik 3.11) auch ein Kalkulationsschema, eine Kapazitätsplanung und eine Projektstruktur beinhaltet.

Als Basis für die Kapazitätsplanung, die Grundlage der Projektstruktur sein wird, benötigt man ein Kalkulationsschema. Aus Darstellungsgründen wurde dieses sehr vereinfacht und

Konzeptfahrzeug	KW 1-5	KW 6-10	KW 11-15	KW 16-20	KW 21-25	KW 26-30	KW 31-35	KW 36-40	KW 41-45	KW 46-50
Phase 1: Konstruktion	████	██								
Phase 2: Prototypen (Exponate)		▓▓	▓▓	▓▓	▓▓	▓▓	▓▓	▓▓		
Phase 3: Erprobung Homologation								▓	▓	

(rechts senkrecht: Messe/Presse)

3.11 (oben): Arbeitsterminplan für das Konzeptfahrzeug

3.12 (unten): Kalkulationsschema für das Konzeptfahrzeug

Konzeptfahrzeug	Konstruktion Phase 1					Prototypenbau (Exponate) Phase 2					Erprobung / Homologation				
Entwicklungszeitraum	KW 01 - KW 15 = 15 KW					KW 06 - KW 40 = 35 KW					KW 36 - KW 45 = 10 KW				
Leistung	MA	h/w	hges	€/h	Kosten (T€)	MA	h/w	hges.	€/h	Kosten (T€)	MA	h/w	hges.	€/h	Kosten (T€)
1. Spaceframe	0,3	50	225	100	22,5	0,4	50	700,0	100	70,00	0,2	50	100	100	10
2. Karosserieaufbau (Handlaminat)	0,5	50	375	100	37,5	1,0	50	1750,0	100	175,00	0,2	50	100	100	10
3. Fahrwerk (inkl. Bremsen/Räder)	0,4	50	300	100	30,0	0,3	50	525,0	100	52,50	0,2	50	100	100	10
4. Motor/Antriebstrang (COP)	0,2	50	150	100	15,0	0,3	50	525,0	100	52,50	0,4	50	200	100	20
5. Elektrik/Elektronik	0,1	50	75	100	7,5	0,3	50	577,5	100	57,75	0,2	50	100	100	10
6. Innenausstattung	0,3	50	225	100	22,5	0,3	50	577,5	100	57,75	0,1	50	50	100	5
7. Anbauteile	0,2	50	150	100	15,0	0,3	50	577,5	100	57,75	0,2	50	100	100	10
8. Projektkoordination	0,3	50	225	100	22,5	0,3	50	525,0	100	52,50	0,3	50	150	100	15
9. Techn./Allgemeine Dokumentation	0,2	50	150	100	15,0	0,2	50	350,0	100	35,00	0,2	50	100	100	10
Zwischensumme/ Projektphase	187,5 T€					610,75 T€					100 T€				
Gesamtkosten	**898,25 T€**														

Erklärungen

KW: Kalenderwoche
MA: Anzahl der Mitarbeiter
h/w: kalkulierte Arbeitsstunden / Woche
hges.: Gesamtaufwand in Stunden
COP: Carry Over Parts (Adaptierung)

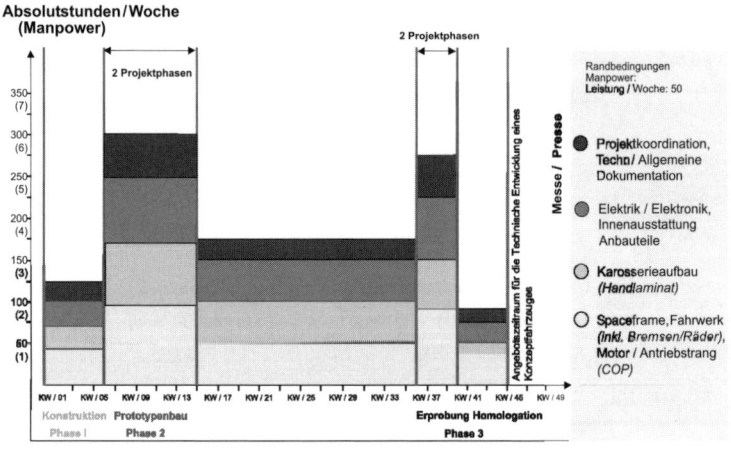

3.13: Kapazitätsplanung für das Konzeptfahrzeug

erhebt keinen Anspruch auf durchgängige Plausibilität. Für unseren Zweck ist es jedoch ausreichend (Grafik 3.12).

Aus dem Kalkulationsschema ergibt sich eine Kapazitätsplanung, die eine optimale SE-Arbeit (Simultaneous Engineering) berücksichtigt (Grafik 3.13).

Die technischen Parameter sind vereinbart (Konkretisierung des Entwicklungslastenheftes), die Termine auf das Ziel »Automobilsalon« abgestimmt. Über eine vereinfachte Kalkulation wurden die wirtschaftlichen Rahmenbedingungen definiert. Jetzt legen *D&D* und *EK* die Projektstruktur fest. Noch steht nicht fest, ob das Fahrzeug in Serie gehen wird. Die Projektstruktur muss aber so angelegt sein, dass die Serienproduktion möglich ist. Flexibilität, ein hohes Maß an Koordination mit möglichst geringen Reibungsverlusten sind wesentliche Kriterien der ersten Projektphase. Konzentrierte Kenntnisse sind zu nutzen, Doppelunterstellungen zu vermeiden. Man entscheidet sich bei der Entwicklung des Konzeptfahrzeugs für eine »Projektkoordination«. Auch für die mögliche Produktion einer

102

3.14: MCD – Projekt-Organisation

Kleinserie entscheidet man sich für eine »Projektkoordination«, teilt die Inhalte jedoch fachspezifisch auf. Im Fokus steht nicht die Flexibilität, sondern die konzentrierte Einbeziehung fachlicher Fähigkeiten.Ein allein verantwortlicher Projektleiter soll das Projekt für die Serie unter Nutzung der Fachkompetenzen von *D&D* konzipieren und ergebnisorientiert steuern.

Im zweiten Kapitel haben wir bei der Darstellung des Innovationsprozesses ein effizientes und flexibles Projektmanagement als wesentlichen Erfolgsfaktor bezeichnet. Dies gilt natürlich auch für das aktuelle Fallbeispiel. Wie gut sein Projektmanagement ist, dokumentiert ein Unternehmen bereits in den Angeboten. Gute und richtige Angebote sind wesentliche Voraussetzung für eine professionelle und vertrauensvolle Zusammenarbeit in Projekten aller Art. Realistische Terminpläne, transparente Kapazitätspläne und klare Projektstrukturen stellen die Basis für eine erfolgreiche Akquisition dar.

Da Angebote derzeit zunehmend an Bewerbungscharakter gewinnen, muss ein Unternehmen über die entsprechende Fähigkeit verfügen, Angebote so zu gestalten, dass sie den Kunden überzeugen. Dazu gehört aber mehr als nur ein plausibles Konzept und konkurrenzfähige Preise. Ein Angebot ist gut, wenn es entsprechend der Anfrage authentisch und glaubwürdig Kompetenz vermittelt. Viele Unternehmen überlassen aus diesem Grund bereits heute die Aufgabe der Angebotserstellung nicht mehr alleine dem Vertrieb, sondern unterstützen den Angebotsprozess durch das Marketing. Ein gutes Angebot schafft Vertrauen und sorgt für eine positive Kunden-Lieferantenbeziehung bei der Projektvergabe.

Das Funktionendiagramm[14]

Hat man schließlich den Zuschlag für ein Projekt erhalten, sind im Rahmen der Projektorganisation Aufgaben, Kompetenzen und Verantwortlichkeiten klar abzugrenzen. Um Doppelspurig-

SGF: »Key-1« - Projekt (Konstruktion)

Aufgabenbereich / Aufgaben	Geschäftsführer	Technische Gesamtleitung	Teilprojektleiter 1	Teilprojektleiter 2	Sub-lieferant	Kaufmännische Leitung	Back-Office/Verwaltung	Kunde	Informationstransfer
1. Konstruktion gesamt	I	E, P				I		Eg	1x / Woche
1.1 Technische Entwicklung		K	P		I			P	1x / Woche
1.2 Fertigungsplanung		K	I	P	I			P	1x / Woche
1.3 Sonderprojekte / Mehrleist. (Fuktionsm., RPS, PDM, DMU)		K	I	I	P			P	1x / Woche
2. Schnittstellenbetreuung (Datentransfer ...)		E, P	I	I	I			Eg	1x / Woche
3. Techn. Berichtwesen gesamt	I	E, P	M	M	M	I	A	-	1x / Monat
3.1 Intern		E, P	M	M	M	I	A	-	1x / Monat
3.2 Extern		E, P				I		-	1x / Monat
4. Kalkulation / Preisgestaltung	E, P	M				M			bei Bedarf
5. Angebotserstellung	I	K	M	M		P	A		bei Bedarf
6. CAD- / EDV- Organisation	E	P	M	M		I			
7. Personal / Ressourceneinsatz	E	M	M	M		P	A		
8. Projektcontrolling, Konsequenzen	I	E, P		P		M	A		1x / Monat
9. Projekteinkauf (< 50.000 €)	E	E		P	I	I	A		
10. Projekteinkauf (> 50.000 €)	E	K				P	A		

Funktionen:

P: Prozessverantwortung
E: Entscheidung
M: Mitsprache
A: Ausführung
I: Information (Benachrichtigung)
K: Kontrolle
Eg: Grundsatzentscheidung

3.15: Das Funktionendiagramm (fiktiv)

keiten und Verantwortungsvakuums zu vermeiden, muss das Zusammenwirken von verschiedenen Stellen bei der Aufgabenerfüllung veranschaulicht werden. Ein einfaches Instrument zur Projektorganisation ist das Funktionendiagramm. Es ist einfach in der Handhabung und lässt sich deshalb leicht aktualisieren. Grafik 3.15 zeigt das Zusammenwirken von verschiedenen Stellen und Mitarbeitern in einem fiktiven Schlüsselprojekt eines Zulieferers.

Bei der Erstellung des Funktionendiagramms sollten alle betroffenen Mitarbeiter einbezogen werden. Nachträgliche Diskussionen und Abstimmungsprobleme lassen sich so vermeiden. Außerdem schafft dieser Prozess Verständnis für das Zusammenwirken und stärkt die Identifikation mit der Aufgabe. So genannte Kick-Off-Meetings sind eine gute Gelegenheit, im Rahmen der Projektanalyse Zuständigkeiten frühzeitig zu vereinbaren.

Das Funktionendiagramm ist ein weitaus besseres Instrument als altbekannte Stellenbeschreibungen. Verschiedenste Unternehmen, die von der Einfachheit und Zweckmäßigkeit des Systems überzeugt sind und dies anwenden, beschreiben es als hervorragendes Mittel zur Regelung sämtlicher Sachaufgaben. Es ist aktuell und vielfach bewährt. Viele Unternehmen greifen im Rahmen der Zertifizierungen nach ISO-9000:2000 und VDA-6.ff darauf zurück.

Zweifelsohne zeigt das Funktionendiagramm in konzentrierter und übersichtlicher Form, welche Stellen bei der Lösung einzelner Aufgaben mitwirken. Die horizontale Lesart verdeutlicht die Arbeitsteilung bei der Erfüllung einer Aufgabe. Aus der vertikalen Ebene lässt sich der gesamte Aufgabenbereich eines Stelleninhabers innerhalb des Projektes ersehen. In kleineren Projekten genügt es üblicherweise, nur ein Funktionendiagramm zu erstellen. In mittleren und größeren Projekten hingegen muss das Funktionendiagramm mehrstufig aufgebaut

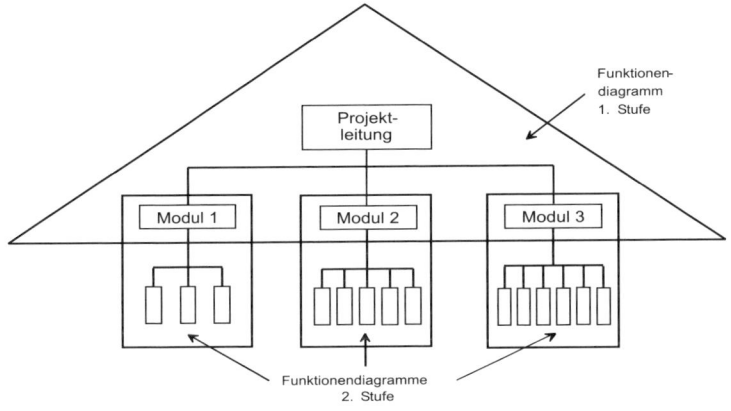

3.16: Das mehrstufige Funktionendiagramm
(Quelle: Management Zentrum St. Gallen)

werden. Nur so bleibt es übersichtlich. Man kann natürlich auch Teilmodule in Funktionendiagrammen erarbeiten. Das ist vor allem dann wichtig, wenn, wie in den meisten Automotive-Projekten, mehrere Unternehmen beteiligt sind. Das Schema in Grafik 3.16 zeigt die sequenzielle Erarbeitung von Funktionendiagrammen in zwei Stufen. In Großprojekten können gegebenenfalls auch Funktionendiagramme auf der dritten Stufe entwickelt werden.

Die einzelnen Funktionen bei der Erledigung einer Aufgabe sind möglichst genau festzulegen. In unserem fiktiven Beispiel des Schlüsselprojekts sind dies Prozessverantwortung, Entscheidung, Mitsprache, Ausführung, Information und Kontrolle. Sie sind nicht allgemein gültig, sondern dienen nur der Veranschaulichung. Eine Planungs- oder Kontrollfunktion kann genauso ergänzt werden wie die Funktion des Mitentscheidungsrechts oder des Entscheids in wichtigen Einzelfällen. Um dieses System erfolgreich zu implementieren, ist die eindeutige Zuordnung der Funktionen zu den Aufgaben entscheidend.

3. Die Bildung einer Supply Chain

Die Analyse von Kundennutzen und relativer Qualität, die Organisation und Schnittstellenbeherrschung sind wesentliche Methoden und Werkzeuge nicht nur zur erfolgreichen Führung von Einzelunternehmen. Sie behalten auch für fest gefügte Lieferketten ihre Gültigkeit. Der Markt fordert die Bildung vernetzter Organisationen. Heute treten beinahe ausschließlich einzelne, unabhängige Unternehmen und nur vereinzelt Projektallianzen gegeneinander an. In naher Zukunft wird es verstärkt zum Wettbewerb von Lieferketten kommen. Grafik 3.17 zeigt die Organisationsentwicklung im Automotive-Umfeld.

Netzwerke entstehen entweder, weil die Unternehmen bereits erfolgreich in Projekten zusammengearbeitet haben, weil der Auftraggeber für ein konkretes Projekt eine Lieferkette vorgibt oder weil sich ein Unternehmen entschließt, aktiv eine Lieferkette zu bilden. In allen Fällen müssen Spielregeln definiert werden, die kompromisslos einzuhalten sind. Lieferketten können nur dann erfolgreich sein, wenn ihre Mitglieder eine gemeinsame Referenz besitzen, wenn also ihre Fähigkeiten und Strukturen auf demselben Niveau liegen und zueinander passen. Jedes Unternehmen, das in solchen Netzwerken seine Rolle erfolgreich ausfüllen möchte, muss die strukturellen Voraussetzungen dafür schaffen.

Wir beschreiben im folgenden beispielhaft, wie ein Unternehmen – nennen wir es *Team Supplier* – vorgeht, um eine Lieferkette zu bilden. Grafik 3.18 fasst die dafür wesentlichen Elemente sowie alle darauf aufbauenden Schritte bei der Gestaltung und Lenkung der Lieferkette zusammen.

Vernetzte Unternehmensstrukturen müssen über dieselben Kompetenzen verfügen wie das einzelne Unternehmen. Die Prozesskette zeigt auf, dass sich die Erfolgsfaktoren unverändert übertragen lassen.

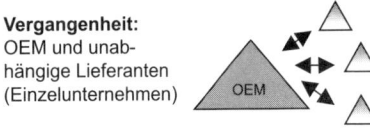

Vergangenheit:
OEM und unab-
hängige Lieferanten
(Einzelunternehmen)

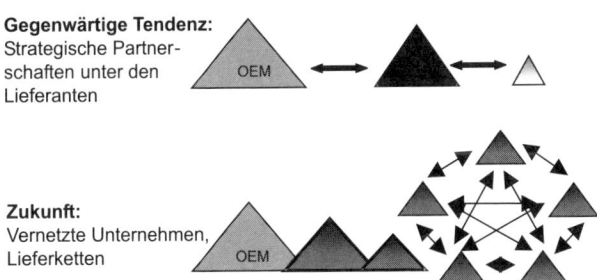

Gegenwärtige Tendenz:
Strategische Partner-
schaften unter den
Lieferanten

Zukunft:
Vernetzte Unternehmen,
Lieferketten

*Vom Wettbewerb zwischen Unternehmen zum Wettbewerb
zwischen Netzwerken*

3.17: Organisationsentwicklung im Automotive-Umfeld

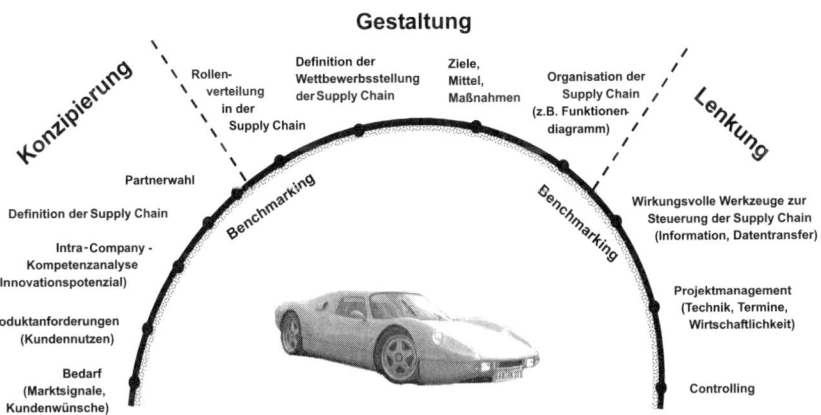

3.18: Prozesskette »Bildung einer Supply Chain«

Team Supplier muss frühzeitig Signale aus dem Markt wahrnehmen und Kundenwünsche erkennen, damit Produktanforderungen zielgerichtet erfüllt werden können. Diese Informationen und dieses Wissen sind für *Team Supplier* Ausgangspunkt aller Aktivitäten. Zuerst evaluiert das Unternehmen die eigene relative Qualität im Ist- und Soll-Zustand. Dies geschieht über die Bewertung des Kundennutzens. Die Erarbeitung des Kundennutzens ist ein wesentliches Instrument, um eine fundierte Kompetenzanalyse durchführen zu können. Das Innovationspotenzial spielt auch hier eine große Rolle. Je größer es ist, desto attraktiver ist *Team Supplier* für die Lieferkette und vor allem für die Leadfunktion, die das Unternehmen übernehmen möchte. Das Unternehmen kennt nun nach dieser Evaluierung Kundenwünsche, Produktanforderungen sowie die eigene Wettbewerbsstellung. Es ist in der Lage, zu definieren, welche Unternehmen seine Kompetenzen sinnvoll ergänzen, damit die Lieferkette exakt den Marktanforderungen entspricht.

Bei der Konzipierung der Supply Chain selbst richtet sich die Partnerwahl entscheidend nach dem Beitrag, den ein Unternehmen zur Attraktivität der gesamten Lieferkette leisten kann.

Der Prozess zur Partnerwahl in der Supply Chain lässt sich schematisch wie folgt darstellen:

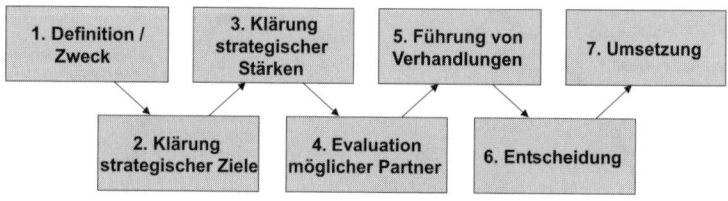

3.19: Auswahlprozess zur Partnerwahl in der Supply Chain
(Quelle: Management Zentrum St. Gallen)

Eine erfolgreiche Supply Chain lässt sich nur dann bilden, wenn strategische Ziele und Handlungsmöglichkeiten der beteiligten Unternehmen zueinander passen. Nicht die Größe allein ist ausschlaggebend dafür, dass sich die Lieferkette im Wettbewerb behauptet. Die Ergänzung von Kernkompetenzen im Bereich der Entwicklung und der Qualität sind genauestens auszuloten, um das Risiko einer erfolglosen Zusammenarbeit zu reduzieren. Markt- und Technologieführerschaft müssen das vorrangige Ziel der Lieferkette sein. Der individuelle Beitrag, den das einzelne Unternehmen zur Zielerreichung leisten kann, seine wirtschaftlichen Möglichkeiten und die Unternehmensphilosophie sind weitere Kriterien zur Bewertung potenzieller Partner einer Lieferkette. Um sich beim Thema Unternehmensphilosophie Klarheit zu verschaffen, müssen zumindest folgende Fragen beantwortet werden:

- Passen die Leitwerte zueinander?
  (Beispiele für Leitwerte: nachhaltiger Erfolg, gegenseitiger Respekt, Innovation im Dienste der Kunden, soziale Kompetenz)
- Passen Vision und (Business-)Mission zusammen?
- Sind die strategischen Ziele deckungsgleich?
- Ist eine Einigung im Hinblick auf die operativen Ziele möglich?

Mit der Breite der Pyramide nimmt auch die Genauigkeit der Punkte zu (Grafik 3.20).

Erst wenn diese Grundsatzfragen beantwortet sind, ist eine Konkretisierung gemeinsamer Verhandlungen möglich. Und nur dann machen Gespräche Sinn. Dies gilt schon für strategische Allianzen zwischen zwei Partnern und besonders für die Bildung wettbewerbsfähiger Lieferketten.

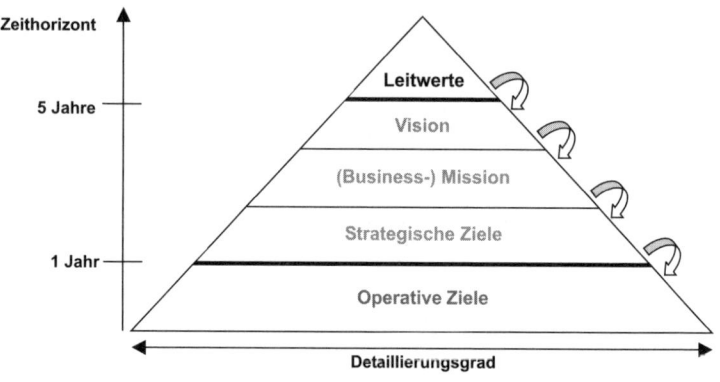

3.20: Unternehmensleitbild
(Quelle: Management Zentrum St. Gallen)

Nachdem *Team Supplier* die Konzipierung der Lieferkette abgeschlossen hat, geht es nun an die Gestaltung der Lieferkette und der Zusammenarbeit zwischen den Teammitgliedern. Welche Rolle die Unternehmen in der Supply Chain übernehmen, hängt stark von ihrer jeweiligen Leistungsfähigkeit und Attraktivität ab. Beide Kriterien haben auch maßgeblichen Einfluss auf die Position der Lieferkette im Markt. Deren Wettbewerbsstellung definiert sich über die Summe der Leistungen, die ihre Mitglieder erbringen können.

Auf der Ebene der Projektarbeit ist die Vorgehensweise in der Lieferkette identisch mit der Vorgehensweise in Einzelunternehmen. Es müssen in den Projekten der Lieferkette ebenfalls Ziele, erforderliche Mittel und konkrete Maßnahmen vereinbart werden. Nur ist dieser Prozess in Lieferketten mit einer bei weitem höheren Genauigkeit durchzuführen. Je mehr Unternehmen bzw. Projektteams beteiligt sind, desto komplexer ist die Zusammenarbeit. Das Funktionendiagramm hilft, in der Organisation vernetzter Strukturen Aufgaben, Kompetenzen und Verantwortung eindeutig zu definieren. Wirkungsvolle

112

Werkzeuge für Informations- und Datentransfer sind entscheidend, um ein gutes Projektmanagement wirksam zu machen. Technik, Termine und Wirtschaftlichkeit stehen dabei im Fokus. Ihre disziplinierte und konsequente Verfolgung ist unabdingbar, um vernetzte Strukturen erfolgsorientiert steuern zu können. Da Abweichungen in vernetzten Strukturen aufgrund der Tragweite schneller reguliert werden müssen als in Projekten eines einzelnen Unternehmens, gewinnt auch das Controlling an Bedeutung.

Die vorangegangenen Ausführungen haben verdeutlicht, welche Fähigkeiten ein Unternehmen besitzen muss, um als Partner in einer Lieferkette in Frage zu kommen. Lieferketten, die sich im sportlichen Wettkampf mit anderen Lieferketten befinden, müssen Teammitglieder haben, die sich bereits vor der Bildung der vernetzten Struktur für eine Partnerschaft qualifiziert haben. Nur dann sind sie in der Lage, Lieferketten zu konzipieren bzw. nur dann durchlaufen sie den Auswahlprozess erfolgreich. Sie werden ansonsten nicht die Möglichkeit und die Chance bekommen, sich in der Lieferkette zu qualifizieren.

Im folgenden Kapitel beschäftigen wir uns mit den wesentlichen Kriterien, die bei einer strategischen Teambildung zu beachten sind. Die beschriebenen Methoden und Werkzeuge sind Mindestkompetenzen, die von Einzelunternehmen und der Lieferkette beherrscht werden müssen, um im Supply Chain-Wettbewerb bestehen zu können.

4. Zusammenfassung

Nur erfolgreiche Unternehmen sind attraktive Partner für eine Lieferkette. So banal sich das anhört, dahinter steckt ein ganzes Bündel von Anforderungen. Die vorangegangenen Ausführungen haben das deutlich gemacht.

Um einen gesicherten Platz in der Lieferkette zu erlangen, reicht es nicht aus, künftige Erfolgspotenziale (Innovation: Kapitel 2) zu erkennen und zu nutzen. Die Unternehmen, deren Produkte oder Dienstleistungen bereits heute eine relativ hohe Qualität besitzen, werden sich im Rahmen der laufenden Konzentrationsbewegungen eher behaupten und sich im Wettbewerb um den Platz in einer Lieferkette eher durchsetzen. Es sind die Unternehmen, die einen hohen, also positiven Kundennutzen stiften. Relativer Preis und relative Qualität sind die beiden Achsen, welche die Linie des Kundennutzens bestimmen. Mit der Analyse des Kundennutzens gelingt es dem Unternehmen, die eigene Wettbewerbsstellung zu bestimmen. Wir haben die notwendigen Schritte der Kundennutzenanalyse nach PIMS beschrieben. Auf der Basis der Ergebnisse lassen sich strategische Stoßrichtungen ableiten und evaluieren.

Wenn die strategische Ausrichtung feststeht, hat das Unternehmen strukturelle Anpassungsleistungen zu erbringen. Denn als Mitglied einer Lieferkette wird es nur erfolgreich sein, wenn es die Schnittstellen im eigenen Unternehmen und die Schnittstellen nach außen zu Markt, Kunde und Partnerunternehmen beherrscht. Die Organisationsentwicklung in Unternehmen ist dynamisch und hängt vor allem von der Größe der zu bearbeitenden Projekte ab. Die meisten Unternehmen sind zwar nicht nach Projekten organisiert, müssen aber in Projekten denken. Die Anpassung der Struktur folgt der definierten Strategie und ist von zentraler Bedeutung. Der Fall »Entwicklung eines Konzeptfahrzeugs« beschreibt die zielgerichtete Organisationsgestaltung, die eng mit einem professionellen Projektmanagement verknüpft ist. Wie gut das Projektmanagement ist, zeigt sich bereits in den Angeboten, die ein Unternehmen abgibt. Sie müssen realistische Terminpläne, transparente Kapazitätspläne und klare Projektstrukturen beinhalten.

Zentraler Punkt bei der Entwicklung einer Projektorganisation ist die eindeutige Regelung von Aufgaben, Kompetenzen und Verantwortlichkeiten. Ein äußerst wirksames Instrument zur Beherrschung der Struktur ist das Funktionendiagramm. Es ist einfach und flexibel. Mit seiner Hilfe lassen sich Funktionen in kleinen, aber auch sehr großen und komplexen Projekten exakt beschreiben. Wichtig ist es, die Funktionen den Aufgaben eindeutig zuzuordnen. Nur dann lässt sich das System erfolgreich implementieren.

Nach der Analyse der Wettbewerbsstellung, der Anpassung der Organisation und der Festlegung der Aufgaben, Kompetenzen und Verantwortlichkeiten ist das Unternehmen strategisch und organisatorisch vorbereitet auf den nächsten Schritt: die Bildung einer Supply Chain. Vernetzte Unternehmensstrukturen müssen über dieselben Kompetenzen verfügen wie das einzelne Unternehmen. Die Partner in der Lieferkette ergänzen sich in ihren Fähigkeiten zielorientiert. Deshalb ist Ausgangspunkt für ein Unternehmen, das eine Supply Chain bildet, wiederum die Bewertung des Kundennutzens; denn dann kennt es Kundenwünsche, Produktanforderungen sowie die eigene Wettbewerbsstellung und kann sich die richtigen Partner suchen. Je mehr ein Unternehmen zur Attraktivität der Lieferkette – die Kriterien hierfür geben Markt und Kunde vor – beitragen kann, desto größer ist die Chance, dass es fester Bestandteil der Lieferkette wird. Aber nicht nur die Ergänzung der Kernkompetenzen in Entwicklung und Qualität haben großen Einfluss auf die Auswahl der Partner. Strategische Ziele und Handlungsmöglichkeiten der Unternehmen müssen zueinander pas-

sen. Die Unternehmensidentitäten dürfen sich nicht widersprechen (vgl. Kapitel 5).

Im Rahmen der Gestaltung der Lieferkette kommen dieselben Werkzeuge zum Einsatz wie auf der Ebene des Einzelunternehmens. Ziele, Mittel und Maßnahmen müssen vereinbart, Aufgaben, Kompetenzen und Verantwortlichkeiten definiert werden. Die Prozesse haben aber mit einer bei weitem höheren Genauigkeit als im Einzelunternehmen zu erfolgen. Lieferketten sind komplexe Strukturen, bei deren Bildung wesentliche Kriterien zu beachten sind. Die *KOSTOR-Strategie*, die Inhalt des folgenden Kapitels ist, beschreibt die relevanten Kriterien und notwendigen Schritte für die Bildung einer erfolgreichen Supply Chain.

Kapitel 4 | KOSTOR-Strategie*

> *»Die ökonomische Aufgabe kann wirklich aufregend*
> *und anregend sein, wenn sie sinnvoll und verant-*
> *wortlich, mit Wissen und der nötigen Vorausschau*
> *gelöst wird. (…) Die wirtschaftliche Leistung bietet*
> *geistige Förderung. Sie bietet den Lohn der Vollen-*
> *dung und die dem Menschen einzige Beglückung, in*
> *ein Chaos Ordnung zu bringen.«*
>
> Peter F. Drucker

In absehbarer Zeit werden nicht mehr Einzelunternehmen
gegeneinander antreten, sondern Lieferketten, also Konglomerate aus Unternehmen. Auf diesen Wettbewerb der Lieferketten
müssen sich die Unternehmen vorbereiten. Den Weg, den sie
dabei gehen müssen, haben die vorangegangenen Kapitel beschrieben. Jetzt müssen wir die Perspektive wechseln, den Blick-
winkel verändern, noch einmal umdenken. Bisher lag unser
Fokus auf dem Erfolg des einzelnen Unternehmens, seiner Attraktivität, die notwendig ist, weil es sich für einen Platz in einer
Mannschaft qualifizieren muss, um weiterhin am Markt bestehen zu können. Jetzt gilt unsere Betrachtung der Mannschaft,
den Mechanismen, Methoden und Werkzeugen, die sie zum
Erfolg führen, der Strategie und der Taktik, der Aufgaben, Kompetenzen und Verantwortungen von Managern, Spielern und
Trainern. Aus unserer Sicht gibt es unterschiedliche Möglichkeiten, weswegen sich eine Mannschaft aus Unternehmen zu-
sammenfindet.

---

* Der Name der Strategie setzt sich aus den jeweils zwei ersten Buchstaben ihrer drei
Kernprozesse zusammen: Komplexitätsreduktion, Strategieentwicklung und Organisationsentwicklung.

Eine Möglichkeit: Zu Beginn eines Projektes gibt der Auftraggeber vor, welche Lieferanten beteiligt sind – er nominiert sie – und überträgt einem Unternehmen die Rolle des Mannschaftsführers. Eine zweite Möglichkeit besteht darin, dass ein Spieler sein Produkt, beispielsweise eine Innovation, beim Kunden zum Erfolg bringen möchte und dafür Partner benötigt. In beiden Fällen ist der Ausgangspunkt eine konkrete Aufgabe, ein spezifisches Thema. Und in beiden Fällen liegt die Verantwortung für den Erfolg ganz eindeutig bei der gesamten Mannschaft. Sie muss dafür die Voraussetzungen schaffen im Denken und Handeln. Von jedem Spieler wird erwartet, dass er eine übergreifende Sichtweise einnimmt. Wo aber der Erfolg der Mannschaft zählt, ist vor allem eins notwendig: Mannschaftsgeist.

1. Vom erfolgreichen Einzelunternehmen zum Mannschaftssystem einer erfolgreichen Lieferkette

In der Automobilindustrie sind heute deutlich schlagkräftigere Wertschöpfungspartnerschaften als in der Vergangenheit notwendig. Die Gründe – wir haben sie im ersten Kapitel erörtert – lassen sich mit wenigen Worten nochmals auf den Punkt bringen: kontinuierlich zunehmende Modell- und Variantenausweitung der Fahrzeughersteller, Plattformstrategien und Modularisierungen sowie deutlich verkürzte Entwicklungs- und Produktlebenszyklen. Die Unternehmen sind gezwungen, neue Beschaffungsstrategien zu entwickeln. Ausgehend vom Endprodukthersteller gilt dies für die gesamte Lieferpyramide. Die Zahl der Projekte nimmt stetig zu. Kapazitäten werden aber nicht in gleichem Maß ausgeweitet. Es kommt zu einem Engpass. Der Ausweg: eine konsequente Aufgabendelegation an die Zulieferunternehmen. Aufgaben in Entwicklung und Produktion werden zunehmend an System- und Entwicklungslieferanten übertragen, Zulieferer sind frühzeitig in die unternehmensübergreifenden Entwicklungsteams eingebunden. Diese verzahnte Zusammenarbeit mit sorgfältig ausgewählten Lieferanten, die bereits heute in eigenen Projekthäusern (Simultaneous Engineering-Arbeit) stattfindet, führt zu stabilen Allianzen, die die Basis für eine dauerhafte Zusammenarbeit darstellen. Die Unternehmen in diesen strategischen Allianzen treffen oft schon im Rahmen der Projektvergabe Vereinbarungen, beispielsweise zu Produktpreisen über Laufzeit (Pay on Production), Qualitätsmerkmalen (Full Supplier Support) und Logistik. Das Auswahlverfahren durch die Auftraggeber ist gründlich (Beschaffungsmarktuntersuchungen) und berücksichtigt neben dem Preis (Target Costing) vor allem die Produkt- und Servicemerkmale der Zulieferer. Nur noch die System- und Entwicklungslieferanten, die dieses Verfahren erfolgreich durchlaufen, werden unmittelbar mit den Automobilherstellern zu tun haben. Alle anderen rutschen in die nächste Hierarchieebene der Lieferpyramide ab. Lieferanten von technisch einfachen, normierten und somit austauschbaren Teilen und Komponenten müssen sich aufgrund des zunehmenden Preisdrucks im internationalen Wettbewerb mit Niedrigstpreisen (Niedriglohnländer) auseinandersetzen. Will das Einzelunternehmen in den neuen Wertschöpfungspartnerschaften dennoch berücksichtigt werden, kommt es nicht umhin, kurzfristig Qualifizierungsmaßnahmen umzusetzen. Sie wurden in den Kapiteln 1 bis 3 ausführlich beschrieben. Innovationskompetenz, ein professionelles Projektmanagement, ein positiver oder zumindest ausgewogener Kundennutzen, gezielte organisatorische Anpassungsleistungen zur Schnittstellenbeherrschung (Funktionendiagramme) sowie eine schlagkräftige Unternehmenskommunikation (vgl. Kap. 5) sind wesentliche Werkzeuge, über die attraktive Partner heute verfügen müssen. Dieselben Instrumente gelten auch für fest gefügte Lieferketten und stellen das Fundament für die Bildung vernetzter Organisationen dar. Grafik 3.18 *»Prozesskette: Bildung einer Supply Chain«* im dritten Kapitel zeigt sequenziell die Konzeption, Gestaltung und Lenkung einer Lieferkette. Der Weg zum erfolgreichen, attraktiven Einzelunternehmen und von dort zum integralen Bestandteil einer Lieferkette führt nur über wirkungsvolle Instrumente: Diese sind die Basis für dauerhaft stabile Allianzen. Die Qualifikation für die Lieferkette ist der erste Schritt. Der zweite – weitaus komplexere – Schritt umfasst eine wirkungsvolle Strategie des gesamten Teams im sportlichen Wettkampf mit konkurrierenden Lieferketten. Bisher haben wir uns überwiegend mit Methoden und Werkzeugen auseinander gesetzt, die sowohl vom Einzelunternehmen als auch von der Lieferkette zu berücksichtigen sind, um in gesättigten Märkten erfolgreich zu sein. Jetzt, in diesem vierten Kapitel, konzentrieren wir uns auf die wesentlichen Kriterien für die strategische Teambildung einer Lieferkette.

Unsere Prämisse: Es hat sich bereits eine Lieferkette gebildet, die über entsprechende Kompetenzen verfügt. Die Antworten auf die folgenden Fragen führen zu einer erfolgreichen Teamstrategie:

1. Welche Methoden sind erforderlich, um komplexe Teamstrukturen steuern zu können?
2. Welcher Weg führt eine Supply Chain im Inter-Company-Business zu Strukturen, die transparent und somit steuerbar sind?
3. Wie funktioniert die Entwicklung einer wettbewerbsfähigen Mannschaftsstrategie?
4. Welche organisatorischen Anpassungsleistungen sind zu erbringen, um eine Mannschaftsstrategie wirksam zu machen?

5. Wie sieht die Organisation eines erfolgreichen Teams im einzelnen aus, und wer übernimmt die steuernde Lead- oder Entscheidungsfunktion?
6. Welche Spielregeln gelten, und wer sorgt dafür, dass sie eingehalten werden?

Die Antworten auf diese sechs W-Fragen gibt die KOSTOR-Strategie (Grafik 4.1), die wir im folgenden näher beschreiben möchten.

4.1: KOSTOR-Strategie zur strategischen Teambildung von Supply Chains

Komplexitätsreduktion und Strategieentwicklung eines Teams können nicht unabhängig voneinander betrachtet werden. Sie sind parallel laufende Prozesse, die aus Kapazitätsgründen von zwei unterschiedlichen Arbeitsgruppen verantwortet werden können. Das Strategieentwicklungsteam übernimmt dann die Aufgabe der Organisationsentwicklung, die auf den Ergebnissen der Komplexitätsreduktion und Strategieentwicklung aufbaut. Die Lieferkette folgt dabei dem Managementgrundsatz »Structure Follows Strategy«.

2. Komplexitätsreduktion

Wenn eine Lieferkette gebildet wird, entsteht ein äußerst komplexer Unternehmensorganismus. Schon jedes einzelne Mitglied der Lieferkette, jedes Einzelunternehmen ist ein komplexes Gebilde. Es besitzt in der Regel eine Vielzahl von Kunden und Projekten, noch mehr Produkte und entsprechende Herstellungsprozesse sowie ein breites Lieferantennetzwerk. Komplexe Strategien führen zu äußerst komplexen Strukturen, die schon im Einzelunternehmen nur schwer gemanagt werden können. Die Abhängigkeiten der genannten Teilbereiche veranschaulicht Grafik 4.2.

Die unterschiedliche Stärke der Pfeile zeigt die unterschiedliche Bedeutung der Beziehungen. Die vernetzte Betrachtung von Kunden und Produkten ist von herausragender Bedeutung. Mit Kunden und/oder Produkten sind in der Regel Projekte verknüpft. Hinter jedem Produkt stehen darüber hinaus Herstellungsprozesse und Lieferanten. Das Unternehmen muss dieses Netzwerk steuern und alle damit verbundenen Aufgaben erfüllen. Dabei hat das Management das Geschäft so zu entwickeln, dass das Unternehmen führbar ist. Nach Fredmund Malik gibt es einen klaren Grundsatz für die Gestaltung der Strategien: Das Unternehmen muss einerseits einfach genug bleiben, um vom Management geführt werden zu können, und andererseits ausreichend robust, um gegen alle auftretenden Wechselfälle der Wirtschaft, ob Rezessionen, Wechselkursschwankungen oder politische Veränderungen, gesichert zu sein. Wild wuchernde Komplexitäten (Vielzahl an Kunden, Produkten, Projekten, Herstellungsprozessen, Lieferanten) zu vermeiden, ist für das Einzelunternehmen schon schwierig genug. Die Beherrschung der Komplexität vernetzter Lieferketten besitzt noch einmal eine ganz andere Qualität und stellt eine bei weitem größere Herausforderung dar.

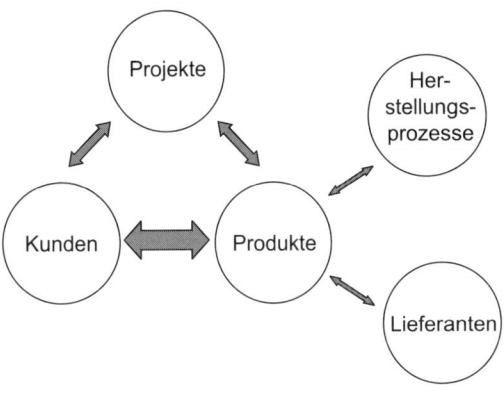

4.2: Komplexitätstreibende Teilbereiche im Einzelunternehmen *und* in der Lieferkette

Um Platz zu schaffen für Neues (Supply Chain Business), um Ressourcen freizustellen, die das Neue managen, und nicht zuletzt, um wettbewerbsfähige Kostenbedingungen zu schaffen, ist es für die Lieferkette unerlässlich, die mit ihrer Bildung entstandene Komplexität zu verringern. Transparente Strukturen sind erforderlich, um Prozesse entwickeln und das Geschäft gestalten zu können. Die Anzahl an Kunden, Produkten, Projekten, Prozessen und Lieferanten ist von der Supply Chain auf ein beherrschbares Maß *zu reduzieren.*

Basis hierfür ist eine gemeinsame Bewertung der einzelnen Teilbereiche im Hinblick auf die Lieferkette insgesamt und ein gezieltes Verfahren zur Selektion von Kunden, Produkten, Projekten, Herstellungsprozessen und Lieferanten. Die Bewertung der Teilbereiche erfolgt aus Sicht der Lieferkette und integriert konsequent die Interessen der einzelnen Unternehmen. Das Ergebnis: ein »Ranking« für jeden Teilbereich. Ziel des dann folgenden Selektionsverfahrens ist es, *strategische* Kunden, Projekte, Prozesse und Lieferanten für die Lieferkette zu definieren. Grundlage der Selektion sind vorher vereinbarte Zielzustände. Das Ausmaß der Reduktion ist unbedingt vor dem Selektionsprozess festzulegen. So lassen sich spätere langwierige Diskussionen vermeiden, und die Unternehmen starten mit einer gemeinsamen Referenz bezüglich der zu erzielenden Ergebnisbandbreite. Darüber hinaus sind vom Management der beteiligten Partner Kriterien festzulegen, nach welchen die einzelnen Teilbereiche bewertet werden. Diese Kriterien müssen selbstverständlich gewichtet werden, da sie von unterschiedlicher Bedeutung sind. Sowohl die Vereinbarung der Zielzustände (Ausmaß der Reduktion) als auch die gemeinsame Festlegung der Kriterien erfolgen in einem ersten gemeinsamen Workshop aller Partner einer Lieferkette.

Folgende Aufstellung nennt exemplarisch einige mögliche Kriterien für eine Kundenselektion. Sie sind nur als Beispiel zu verstehen und sehen für jede Lieferkette anders aus:

Kommerzielle Selektionskriterien (heute)
- Umsatz
  - · Anzahl der bisherigen Projekte
  - · durchschnittlicher Rechnungswert oder Gesamtumsatz
- Ertrag
- Bonität: Erfahrung, ggf. Auskunft

Kommerzielle Selektionskriterien (morgen)
- Entwicklungsmöglichkeit (ist/wird)
- Innovationsfähigkeit, Innovationspotenzial (Risikobereitschaft, Image)
- Wertschöpfungsmöglichkeit (dauerhafte Kundenbeziehung – Vertrauen, Synergiepotenziale)
- Entwicklungspartner der Supply Chain (dauerhaft)

Strategische Bedeutung
- Marktsituation des Kunden
  - Relative Qualität / Relativer Preis
  - Marktführer
  - Image
  - regionale / globale Präsenz

Komplexitätswirkung
- Serviceanforderungen
  - Betreuungsintensität (EDV-Systeme / CAD, Produktionsverfahren …)
- Logistikanforderungen

Kultur (Kunden/Lieferantenbeziehung)
- Ähnliche Ausrichtung (Unternehmenskultur)
- Gewachsene Verbindungen (Historie)
- Netzwerke (persönliche Kontakte)
- Chemie/Wellenlänge (richtige Partnerschaft)

Nachdem sie die Kriterien gemeinsam festgelegt haben, einigen sich die Unternehmen der Lieferkette auf eine Gewichtung. Für den Teilbereich »Kunden« könnte diese so aussehen:

- Kommerzielle Selektionskriterien (heute): 25 %
- Kommerzielle Selektionskriterien (morgen): 25 %
- Strategische Bedeutung: 20 %
- Komplexitätswirkung: 20 %
- Kultur (Kunden/Lieferantenbeziehung): 10 %

Die Auswertung, das Ranking, wird zunächst von jedem Partner der Lieferkette einzeln durchgeführt. Um ein möglichst aussagefähiges Ergebnis zu erzielen, sind in den Bewertungsprozess alle Mitarbeiter einzubeziehen, die zur objektiven Einschätzung des betrachteten Teilbereichs »Kunden« einen tatsächlichen Beitrag leisten können. Eine hohe Genauigkeit in der Bewertung ist erforderlich. Nur dann lassen sich die strategisch wichtigen Geschäftsbeziehungen aus Sicht des Einzelunternehmens benennen. Das Ranking jedes Lieferkettenpartners wird schließlich in einer Tabelle zusammengefasst (Grafik 4.3).

Nachdem jedes Unternehmen der Lieferkette das Ranking unabhängig erstellt hat, trifft man in einem zweiten Workshop zusammen. Die Ergebnisse werden verknüpft, indem man die Ränge aller bewerteten Kunden addiert. Möglicherweise konnten nicht alle Kunden auch von allen Unternehmen bewertet werden, weil es beispielsweise bisher keine Geschäftsbeziehungen gab. In diesem Fall diskutiert man sie jeweils und einigt sich auf einen Wert. Entsprechend dem eingangs definierten Zielzustand werden nun jene Kunden festgelegt, die von der Lieferkette in Zukunft priorisiert bearbeitet werden. Die übrigen Kunden werden fallweise entweder vom Einzelunternehmen weiter gepflegt oder eliminiert. Sie spielen im künftigen Geschäft der Lieferkette (vorerst) keine Rolle mehr. Je nach Geschäftsbeziehung und vertraglichen Vereinbarungen wird die Zusammenarbeit mit Kunden kurz-, mittel- oder langfristig aufgegeben. Zu jedem der definierten »strategischen Kunden« wird im Anschluss ein detaillierter Aktivitätenplan vereinbart und mit konkreten Maßnahmen hinterlegt. Umsatzpläne pro Zeiteinheit, die Festlegung von Vertriebsverantwortlichen, eine fundierte Kontaktplanung (Besuchstätigkeit …) und eine klare Informationsplanung sind feste Bestandteile des Aktivitätenplans. Entscheidend ist, dass die Vereinbarungen schriftlich festgehalten werden. Nur so lassen sich ein unterschiedliches Verständnis unter den Lieferkettenpartnern und daraus folgende mögliche Kommunikationsprobleme vermeiden.

Pos.	Kunde	Komm. Sel. (heute)			Komm. Sel. (morgen)			Strateg. Bedeutung			Komplexität			Kultur			Ranking*4
		Wert*1	Gew.*2	Summe*3	Wert*1	Gew.*2	Summe*3	Wert*1	Gew.*2	Summe*3	Wert*1	Gew.*2	Summe*3	Wert*1	Gew.*2	Summe*3	

*1 Wert: Bewertung des Kunden für das jeweilige Kriterium (**z.B.** 1: gut erfüllt, 2: mittel erfüllt, 3: schlecht erfüllt)

*2 Gew.:   Gewichtung des Kriteriums

*3 Summe: Das Produkt aus Wert und Gewicht ergibt die Summe des Kriteriums

*4 Ranking: Die Summe aus allen Kriterien ergibt eine Gesamtsumme und somit das Ranking (Platz 1 bis Platz x)

4.3: Ranking zur Komplexitätsreduktion am Beispiel »Kunden«

Genauso wie für die Kundenselektion beschrieben verfährt man dann bei Produkten, Projekten, Prozessen und Lieferanten. Da hinter jedem Produkt natürlich auch Kunden stehen, muss im Sinne eines rollierenden Prozesses für jeden Reduktionsschritt hinterfragt werden, welche Auswirkungen die Eliminierung eines Produktes auf die *strategischen* Kunden hat. Das gilt sinngemäß auch für Projekte, Herstellungsprozesse und Lieferanten.

Gleichzeitig ist der Prozess zur Projektauslösung zu definieren. Geschieht dies nicht, entstehen parallel zur Komplexitätsreduktion neue Komplexitäten. Bevor ein Projekt genehmigt und schließlich ausgelöst wird, sind bestimmte Kriterien zu betrachten wie Stückzahlen, Verwendung von vorhandenen Standards (Adaptionsmöglichkeiten), Grobabschätzung von erforderlichen Ressourcen und Einschätzung des Marktes. Auch dieser Prozess muss zwischen allen Partnern abgestimmt erfolgen, um die unterschiedlichen Interessen aller Einzelunternehmen einbeziehen zu können. Ein Projekt wird erst ausgelöst, wenn alle verfügbaren Informationen zusammengetragen und berücksichtigt sind. Die Wettbewerbsfähigkeit des zu entwickelnden Produktes, der Reifegrad des Marktes, das Innovationspotenzial, wirtschaftlicher Erfolg für alle Beteiligten und die strategische Kundenbedeutung müssen unabhängig voneinander betrachtet werden. Nur dann ist es möglich, eine richtige Entscheidung zur Projektauslösung zu treffen. Der Prozess der Projektauslösung sollte standardisiert werden und als Arbeitspapier (z.B. Checkliste) dem Vertrieb der Lieferkette zur Verfügung stehen.

Die Selektion von Kunden, Produkten, Projekten, Prozessen und Lieferanten muss nicht zwangsläufig in einem einmaligen Prozess erfolgen. Sie kann, und das ist in der Praxis wahrscheinlicher, sequenziell vonstatten gehen. Dann sind weitere Workshops notwendig. Ausstiegskosten bei Lieferantenwechseln (z.B. Werkzeug- und Freigabekosten), die Kompensation verlorener Margen im Rahmen der Kundenreduktion sowie die Bewertung von Zukunftsprojekten im Sinne der Strategie brauchen Zeit. Diese muss die Lieferkette von Anfang an einplanen. Entscheidend aber ist die konsequente Umsetzung einer Komplexitätsreduktion, um das unternehmerische Risiko der Lieferkette beherrschen zu können. Auch bei einer längerfristig angelegten Komplexitätsreduktion muss über ein gemeinsames Commitment der Reduktionsstatus in regelmäßigen Zeitabständen bewertet werden. Die Festlegung von Aufgaben, Kompetenzen und Verantwortung (vgl. Funktionendiagramm) ist für den Reduktionsprozess unerlässlich.

Hoch effiziente Strukturen lassen sich unter Einbindung aller Ebenen der Lieferpyramide nur entwickeln, wenn Koordinations- und Managementanforderungen beherrschbar sind. Und dafür stellt die Komplexitätsreduktion die fundamentale

Grundlage dar. Ein erfolgsorientiertes Supply Chain Management beginnt mit genau diesem operativen, unternehmensübergreifenden Prozess. Komplexe Produktionsverbünde müssen steuerbar werden. Nur dann entstehen Synergien, nur dann erreicht man eine hohe Effizienz. Alle neuen Methoden zur effizienten Zusammenarbeit in kooperativen Strukturen wie Prozesssynchronisation durch Referenzpunkte oder Projekte zur Steigerung der Profitabilität der Lieferketten erfordern Transparenz und klare bilaterale Vorgehensweisen. *Basis aller wirksamen Prozessmodelle ist eine in ihrer Komplexität beherrschbare Supply Chain.*

3. Strategieentwicklung der Supply Chain

Die relative Bedeutung eines effektiven und effizienten Komplexitätsmanagements ist vor allem von der Komplexität der Lieferkette selbst abhängig. Je komplexer die Lieferkette ist, desto stärker wirkt sie in ihrer Komplexität und desto wichtiger ist das Management dieser Komplexität. Eine Supply Chain für eine komplette Innenausstattung im Fahrzeug ist eine weitaus stärker vernetzte Struktur als jene, die den Elektromotor für ein Modul der Innenausstattung liefert (Fensterheber, Sitzverstellung …).

Grafik 4.4 macht deutlich: Die Positionierung der Lieferkette innerhalb der Lieferpyramide stellt einen komplexitätstreibenden Faktor dar. Die Aufgaben im Produkt-, Projekt-, Lieferanten- und Prozessmanagement nehmen zu, je näher die Supply Chain an den OEM rückt und je mehr Verantwortung sie deshalb übernimmt.

Für die Strategieentwicklung gilt dieser Zusammenhang nicht. Eine erfolgsorientierte Strategie ist auf jeder Hierarchieebene gleich bedeutsam. Die Komplexitätsreduktion wird von

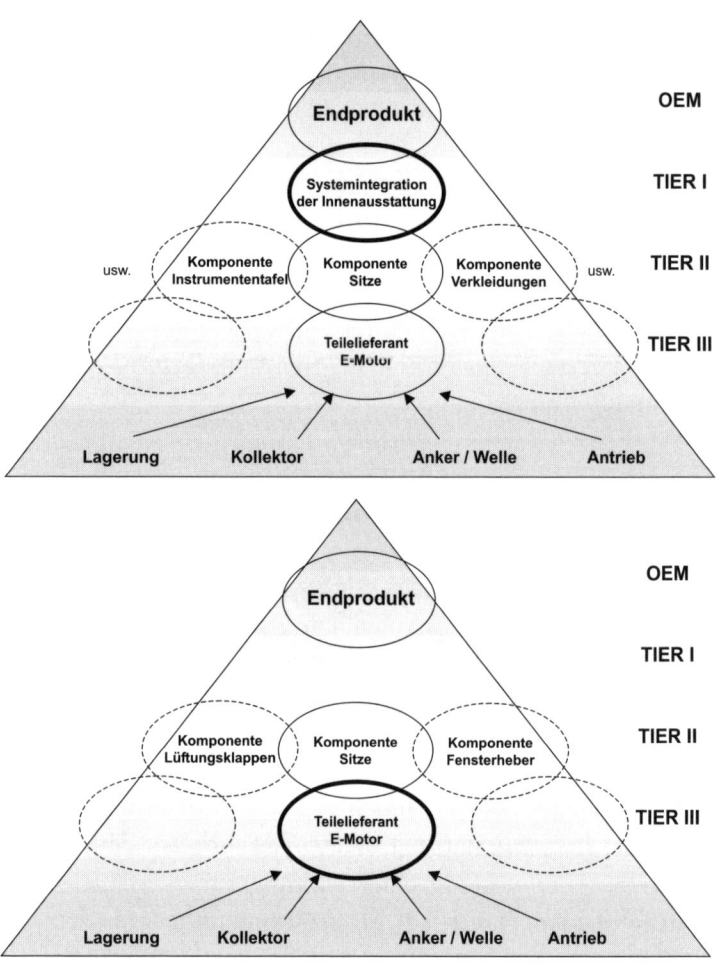

4.4: Supply Chain für eine Innenausstattung und einen Elektromotor –
Komplexitätswirkung

den einzelnen Unternehmen der Lieferkette zumindest bis zur Verknüpfung des Rankings relativ unabhängig voneinander durchgeführt. Die Strategieentwicklung dagegen muss von Anfang an gemeinsam erfolgen. Unabhängig davon, ob das Einzelunternehmen mehr oder weniger Entwicklungs- bzw. Fertigungs- (Montage) Beiträge einbringt, hat dieser Prozess für alle beteiligten Unternehmen dieselbe Bedeutung. Die gemeinsame Strategie betrifft Engineering-Partner, System-Integrator, Komponenten-Lieferant und Teile-Hersteller gleichermaßen. Folglich müssen alle Teilnehmer zu gleichen Teilen am Strategieentwicklungsprozess beteiligt sein.

Wir konzentrieren uns in den nachfolgenden Ausführungen bewusst nicht nur auf profitable Wachstumsstrategien, die Umsatzrendite und Umsatzwachstum forcieren. Nicht der schnelle Erfolg hat erste Priorität, sondern der Aufbau einer dauerhaften, stabilen und sicheren Marktposition der Lieferkette. Unser Schwerpunkt liegt deshalb in erster Linie auf der Entwicklung einer langfristig ausgerichteten, soliden Grundstrategie. Denn im Gegensatz zur strategischen Ausrichtung des etablierten Einzelunternehmens, das auf Basis einer vorhandenen Strategie Wachstumshebel wie gezielte Innovationssteigerung oder Globalisierungsprozesse bedient, muss die Supply Chain erst eine neue, gemeinsame Strategie entwickeln. Unser Funktionsmuster zur Entwicklung einer wirkungsvollen Mannschaftsstrategie orientiert sich am Strategieentwicklungsprozess des Management Zentrums St. Gallen. Bei der Erarbeitung einer Supply Chain-Strategie sind folgende Rahmenbedingungen unbedingt zu beachten:

1. An der Strategieentwicklung sind Führungskräfte aller Einzelunternehmen beteiligt, und zwar jene Führungskräfte, die einen tatsächlichen Beitrag leisten können. Dazu gehören nicht nur Meinungsbildner und Multiplikatoren, sondern auch Quer-

denker. Alter und Dauer der Betriebszugehörigkeit spielen keine Rolle. Im Gegenteil: Eine gemischte, aus unterschiedlichen Persönlichkeiten zusammengesetzte Arbeitsgruppe erzielt die besten Ergebnisse.

2. Leitwerte, Visionen und Missionen der einzelnen Unternehmen passen zusammen. Die grundsätzlichen strategischen Ziele und Stoßrichtungen wurden bereits abgestimmt.

3. Es herrscht Einigkeit darüber, dass die Erarbeitung einer Strategie keine einmalige Aufgabe darstellt, sondern ein fortlaufender Prozess ist. Deshalb muss damit ein eigenes Strategieentwicklungsteam beauftragt werden.

4. Die Strategieentwicklung verfolgt zwei Richtungen: vom Markt her »outside in« und von den Kernfähigkeiten der Lieferkette her »inside out«.

5. Es erfolgt von Anfang an eine zielorientierte Erarbeitung der Strategie für die gesamte Lieferkette und nicht für dominante Einzelunternehmen.

6. Structure Follows Strategy: Strukturanpassungen (Organisation des Teams, vgl. 4), Prozessoptimierungen und die Anpassung des Leistungsspektrums (vgl. Kapitel 2: Innovation im Spannungsfeld Strategie, Struktur, Kultur) erfolgen parallel zur Strategieentwicklung.

7. Aufgaben, Kompetenzen und Verantwortung im Strategieentwicklungsprozess werden eindeutig festgelegt. Arbeitsteilungen für außengerichtete Marktanalysen (Literatur, Interviews, Fachgremien), Szenario-Analysen (Was passiert, wenn ...), für innengerichtete Unternehmensanalysen (Konzentration auf Stärken einzelner Bereiche und Abteilungen der Einzelunternehmen) sowie die analytische Erarbeitung von Zusammenhängen und Vernetzungen sind zu vereinbaren. Dazu bedient man sich idealerweise des Funktionendiagramms.

8. Abhängig von Umfang und Komplexität des Strategieentwicklungsprozesses sind gegebenenfalls Spezialisten hinzuzu-

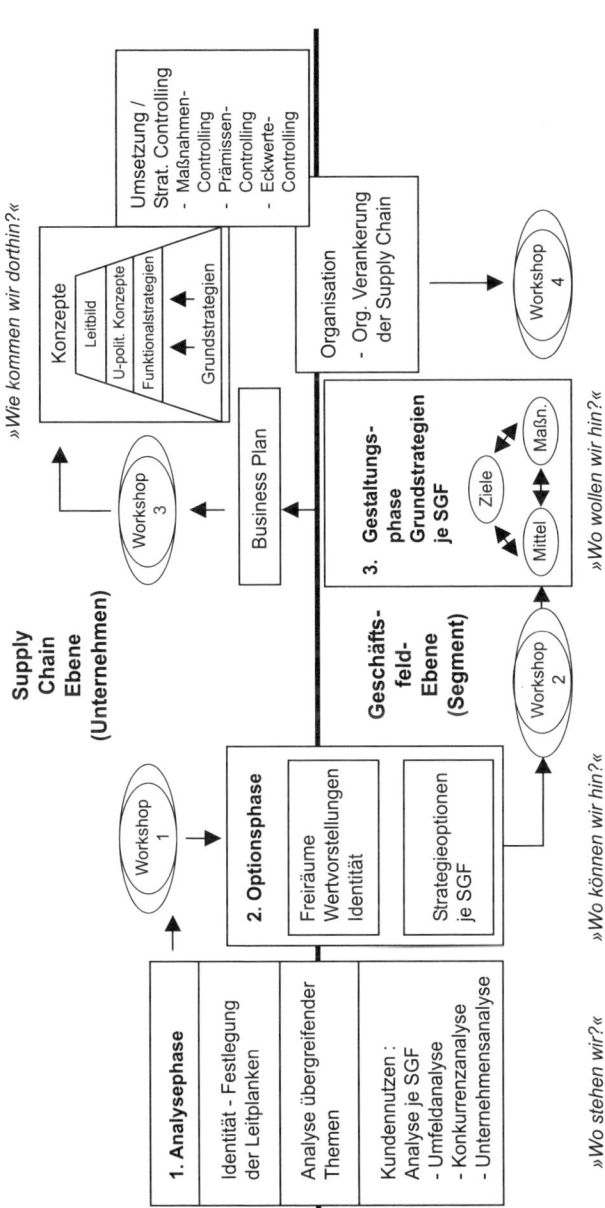

4.5: Strategieentwicklungsprozess der Supply Chain (SGF: strategisches Geschäftsfeld)

(Quelle: Management Zentrum St. Gallen)

133

ziehen, die methodisches Coaching und zielgerichtete Moderation beherrschen. Ob man sich für diesen Schritt entscheidet, hängt natürlich von den Qualifikationen verfügbarer Mitarbeiter der Unternehmen ab, aber auch von Kenntnis- und Erfahrungsstand bezüglich entsprechender Methoden. Fachleute, die über solide Kenntnisse verfügen, wie eine Supply Chain-Strategie zu entwickeln ist, sind unerlässlich.

9. Teilergebnisse sind schriftlich festzuhalten, auch Zwischenergebnisse, die sich aus Brainstormings, Brainwritings oder Gruppendiskussionen ergeben. Im Nachhinein benötigt man diese Ergebnisse häufig noch einmal.

10. Prozess, Methode und Schrittfolge in der Strategieentwicklung sind stringent einzuhalten. Dazu müssen Workshops und Arbeitsmeetings in einem Arbeitsterminplan festgelegt werden, der konsequent zu befolgen ist. Die Ergebnisse eines Strategieentwicklungsprozesses hängen sehr stark von der Disziplin aller Beteiligten ab.

Grafik 4.5 zeigt den idealtypischen Strategieentwicklungsprozess in der Übersicht.

3.1 Analysephase

Im Idealfall beginnt die Strategieerarbeitung für eine Supply Chain mit einer gründlichen Analysephase. Die Analyse betrifft sowohl die Supply Chain selbst, also die Summe aller Einzelunternehmen, die ein Team bilden, als auch die zu betrachtenden strategischen Geschäftsfelder (SGF) der Lieferkette. Auf der Supply Chain-Ebene sind vor allem übergreifende Fragestellungen zu beantworten wie »Welche Produkte/Dienstleistungen wollen wir in Zukunft anbieten?« oder »Wie könnte unser gemeinsames Leitbild aussehen?«. Dabei sind auch die Unternehmenseigner oder deren Vertreter mit einzubeziehen. Erst mit einer gemeinsamen Vorstellung zur Identität der Lieferkette (zur Corporate Identity vgl. Kapitel 5) und der gemeinsamen

Definition von Leitplanken, die der Strategieentwicklung dient, kann die Analyse strategischer Geschäftsfelder beginnen. Die Analyse sowohl auf Supply Chain- als auch auf Geschäftsfeld-Ebene (in den zu betrachtenden Segmenten) erfolgt mit ausgewählten Werkzeugen.

Die Analyse der Wettbewerbsstellung nach PIMS (vgl. Kapitel 3: Vernetzte Organisationen) ist ein ausgezeichnetes Instrument, um eine erste Umfeld-, Konkurrenz- und Unternehmensanalyse durchzuführen. Sie muss jedoch eine bei weitem höhere Genauigkeit aufweisen als in unserer Fallstudie »KE-Partner – Relative Qualität/Relativer Preis«, in der wir lediglich die grundsätzliche Vorgehensweise erklärten. Die Umfeld- und Konkurrenzanalyse erfolgt natürlich aus Sicht des Kunden. Nur der Kundennutzen entscheidet über Erfolg und Misserfolg der Lieferkette. Um möglichst marktorientierte Ergebnisse zu erzielen, werden pro Geschäftsfeld mehrere Fremdbilderhebungen (Kundensicht) durchgeführt. Mindestens drei Arbeitsgruppen erarbeiten unabhängig voneinander mit unterschiedlichen Kunden sowohl produkt- und dienstleistungsbezogene Merkmale als auch relative Preise im Markt. Die Ergebnisse der einzelnen Kundennutzenanalysen werden für jedes Geschäftsfeld in *einer* Value Map zusammengefasst und analysiert. Neben den Einflussfaktoren des Marktes (Nachfrage, Anbieter, Wirtschaftlichkeit) sollten die Arbeitsgruppen auch politische (z.B. Recycling) und rechtliche (z.B. neue Gesetze) Rahmenbedingungen betrachten. Diese Faktoren können ohne weiteres den produkt- oder dienstleistungsbezogenen Merkmalen zugeordnet, gewichtet und für alle Mitbewerber bewertet werden. Um die Wettbewerbsvorteile und Wettbewerbsnachteile der Supply Chain in allen Faktoren sichtbar zu machen, bedient man sich des Attribute Chart nach PIMS. Heutige und vor allem mögliche zukünftige Konkurrenten müssen ebenfalls sehr viel genauer analysiert werden als in unserer Fallstudie aus Kapitel 3. Detailkenntnisse zu Stärken und Schwächen von bestehenden Fähigkeiten, Strukturen und Strategien sind erforderlich, um aussagefähige Ergebnisse zu erzielen. Ziel der Kundennutzenanalyse für jedes mögliche Geschäftsfeld der Lieferkette ist es, Chancen und Risiken zu erfassen, die eine konzentrierte Bearbeitung eines bestimmten Marktsegments ermöglichen. Die systematische Analyse des Umfelds ist notwendige Grundlage für die Diskussion strategischer Optionen einer Supply Chain. Eine marktorientierte Kundennutzenanalyse nach PIMS ist zweifellos ein relevantes Instrument, um Stärken und Schwächen der Lieferkette zu bewerten. Das setzt allerdings voraus, dass die Supply Chain alle denkbaren strategischen Geschäftsfelder kennt, Entwicklungen und Trends in diesen einschätzen oder beeinflussen und die Kernfaktoren des künftigen Erfolges benennen kann. Die Stärken und Schwächen der Lieferkette müssen in allen Geschäftsfeldern klar sein, bevor man sich mit den Geschäftsfeldoptionen detailliert auseinandersetzt.

Jene Kriterien, die gemeinsam mit dem Kunden erarbeitet wurden und somit seine Sichtweise repräsentieren, sind zwar letztendlich entscheidend, aber nicht ausreichend. Weitere Kriterien sind zu berücksichtigen. Denn der Kunde wird Innovationsfähigkeit, schlagkräftigen Organisationsstrukturen und Managementkompetenz zweifellos die größte Bedeutung zuweisen. Betriebswirtschaftlicher Erfolg der Lieferkette, Personalentwicklung und Beschaffungsstrategien sind für ihn dagegen sekundär. Die innengerichtete Betrachtung der Lieferkette hat genauso sorgfältig zu erfolgen wie die marktorientierte Kundennutzenanalyse. Führungs- und Steuerungssysteme, EDV-Bedarf und Qualifikationsprofile der Mitarbeiter sind Beispiele innengerichteter Einflussfaktoren, die im Rahmen einer Geschäftsfeldanalyse ebenfalls zu berücksichtigen sind. Sie können analog zur beschriebenen Komplexitätsreduktion gewichtet und für die verschiedenen Geschäftsfelder bewertet werden.

Nachdem die Frage »Wo stehen wir?« beantwortet ist, werden die sorgfältig erarbeiteten Ergebnisse in einem ersten gemeinsamen Workshop präsentiert. Daran nehmen das Strategieentwicklungsteam sowie ausgewählte Mitarbeiter aller Unternehmen teil. Erst dann beginnt die Diskussion der Frage »Wo können wir hin?«.

3.2 Optionsphase

In diesem ersten Workshop beginnt nun, nach Präsentation und Diskussion der Ergebnisse aus der Analysephase, die Optionsphase. Auch hierfür liefert die Kundennutzenanalyse wieder wertvollen Input. Sie dient für jedes zu betrachtende Geschäftsfeld als Expertise, die alle wirklich entscheidenden strategischen Faktoren zusammenfasst. Kombiniert mit den innengerichteten Einflussfaktoren ergibt sich eine Datenbank von Informationen, mit der sich mögliche strategische Geschäftsfelder der Lieferkette bewerten lassen. Zur Diskussion der Optionen sind *alle* Geschäftsfelder nach den Dimensionen *Kundengruppen, Technologien, Produkte/Dienstleistungen, Absatzkanäle* und *Regionen* aufzulisten. Die Bedürfnisse des Marktes sind für jedes Geschäftsfeld darzustellen. Erst dann lassen sich grundsätzliche Stoßrichtungen kundenorientiert diskutieren. Die Bereitschaft und das Erfordernis, Arbeitsumfänge an externe Partner zu übertragen, können sich pro Modul und Kunde deutlich unterscheiden. Deshalb ist das Anforderungsprofil des Marktes ein wesentlicher Faktor in der Betrachtung aller möglichen Geschäftsfelder einer Lieferkette. Die Übernahme von Systemverantwortung erfordert von der Supply Chain andere Fähigkeiten als die singuläre Montage eines Moduls (vgl. Grafik 4.6).

Im Rahmen der laufenden Veränderungen in der Automotive Supply Chain liegt es nahe, eine konkrete Wertkettenanalyse durchzuführen. Die Wertschöpfung eines jeden möglichen Geschäftsfeldes der Lieferkette ist genau zu untersuchen. Die rela-

```
fremd                                                    System-
     ┌─────────────────────┬─────────────────────┐
     │                     │    Cockpitmodul      │
     │ Fremdentwicklungs-  │                      │
     │ umfänge             │                      │
     │                     │      Türmodul        │  Verant-
     ├─────────────────────┼──────────────────────┤ wortung
     │                     │     Abgasmodul       │
     │ Traditionelle Hausteile │                  │
     │ der Fahrzeughersteller  │                  │
     │                     │     Achsmodul        │
eigen └─────────────────────┴─────────────────────┘
                                                         Montage-
```

4.6: Bauteilabhängige Integration von Lieferketten in den
Produktentstehungsprozess aus Sicht des Fahrzeugherstellers
(in Anlehnung an eine Grafik der BMW Group)

tive Preis-/Qualitätsposition, die bereits in der Analysephase
für alle potenziellen Geschäftsfelder der Supply Chain erarbeitet wurde, liefert dafür erneut die Grundlage. Neben der Wertschöpfung ist noch ein zweiter Punkt zu analysieren: der Markt-
lebenszyklus. Alle Partner der Lieferkette tragen dazu bei. Sie
liefern eine konkrete Einschätzung des Lebenszyklus für ihr
jeweiliges Modul. Mögliche Substitutionslösungen einzelner
Komponenten oder des Systems werden genauestens erörtert,
ihre Auswirkungen auch für die übrigen Partner der Supply
Chain bewertet. Aggressive Substitutionsstrategien machen nur
dann Sinn, wenn eine neue technische Lösung (Innovation) der
gesamten Lieferkette zum Erfolg verhilft (WIN-WIN-Konstellation). Diese »Phase der Vorauswahl« dient also nicht nur dazu,
Geschäftsfelder zu finden, die den «größten Kundennutzen»
stiften. Sie macht es auch möglich, Auswirkungen einer strategischen Geschäftsfeldentwicklung für das »Team« zu bewerten.

Zur Bewertung und visuellen Darstellung der strategischen
Geschäftsfelder wurde bereits in den 70er Jahren die Portfolio-
Matrix entwickelt. Dieses Instrument ist mittlerweile in der
Industrie weitgehend bekannt und wird vielfach angewendet. Es

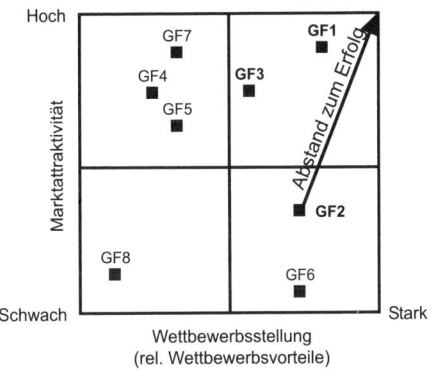

4.7: Portfolio-Matrix strategischer Geschäftsfelder einer Lieferkette
zur Bewertung aller Optionen

eignet sich hervorragend für strategische Diskussionen. Der
Vorteil der Portfolio-Matrix: Sie ist einfach und kann deshalb
im Rahmen der Optionsanalyse in Workshops direkt eingesetzt
werden. Zur Erstellung einer Portfolio-Matrix sind keine zeit-
intensiven Arbeitsmeetings notwendig. Sind die entsprechenden Informationen verfügbar, genügen wenige Stunden. Die
Portfolio-Analyse hat zwei Dimensionen: Marktattraktivität
und relative Wettbewerbsvorteile der Supply Chain (Grafik 4.7).

Die Kombination aus den Informationen der Analysephase
(Identität der Lieferkette, Wettbewerbsstellung nach PIMS –
Value Map – Attribute Chart, innengerichtete Stärken- und
Schwächenanalyse) und den individuellen Einschätzungen der
Supply Chain-Partner zur Marktsituation (Wertkettenanalyse,
Lebenszyklusanalyse, Substitutionsanalyse) liefert für jedes
Geschäftsfeld eine eindeutige Position in der Portfolio-Matrix.
Diese Position ist die Basis für eine Entscheidung über die
strategischen Geschäftsfelder der Supply Chain. Da die Mitglie-
der der Lieferkette die Portfolio-Matrix gemeinsam entwickelt
haben, herrschen zwischen ihnen Klarheit und Konsens darüber,
welche strategischen Geschäftsfelder in Zukunft gemeinsam

angegangen werden. Anders als bei der Strategieentwicklung des Einzelunternehmens müssen die Stärken und Schwächen der Lieferkette in Bereichen wie Marktstellung, Innovation und Human Resources sehr viel präziser herausgearbeitet werden. Nur dann lässt sich dem Geschäftsfeld eine eindeutige Position in der Matrix zuordnen. Chancen und Risiken, die sich aus der Entwicklung des jeweiligen Umfeldes ergeben, haben für die Lieferkette sehr viel größere Bedeutung als für das einzelne Unternehmen. Eine gemeinsame Sichtweise in Bezug auf die Prämissen und wirklichen Herausforderungen in den einzelnen strategischen Geschäftsfeldern ist deshalb unerlässlich.

Nachdem also pro Geschäftsfeld eine detaillierte Portfolio-Analyse durchgeführt wurde, entscheidet man sich aus einer Vielzahl von Möglichkeiten für drei bis fünf Geschäftsfelder, die von der Lieferkette gemeinsam bearbeitet werden. Damit ist die Frage »Wo können wir hin?« beantwortet und das Ziel des ersten gemeinsamen Workshops erreicht.

Das Strategieentwicklungsteam beginnt nun die Ergebnisse des Workshops zusammenzufassen und die wesentlichen quantitativen Eckwerte pro Geschäftsfeld zusammenzutragen. Dazu gehören Marktwachstum, möglicher Marktanteil, Umsatzentwicklung, Kostenposition und erforderliche Mitarbeiterentwicklung über den strategischen Betrachtungshorizont von drei bis sieben Jahren. Diese Informationen führen schließlich zu einem Strategiekonzept für jedes einzelne Geschäftsfeld. Dieses Konzept wird im Rahmen eines zweiten Workshops denjenigen Mitarbeitern präsentiert, die auch am ersten Workshop teilgenommen haben. Mit dem zweiten Workshop beginnt gleichzeitig die Gestaltungsphase, letzter und bedeutendster Abschnitt in der Strategieentwicklung der Supply Chain.

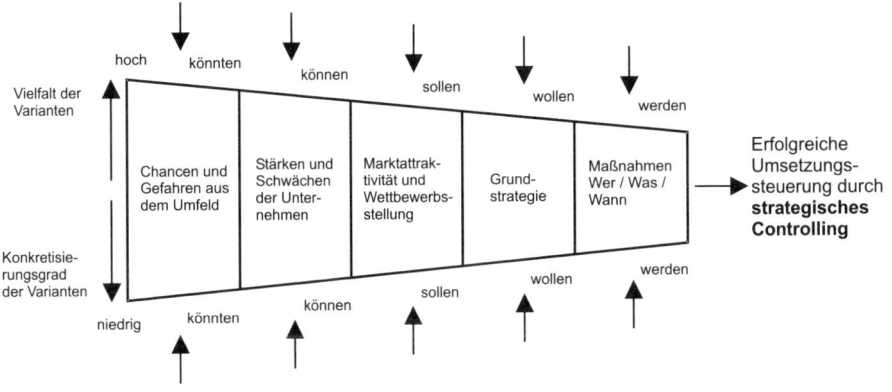

4.8: Strategietrichter vom Umfeld zu den konkreten Umsetzungsmaßnahmen
(Quelle: Management Zentrum St. Gallen)

3.3 Gestaltungsphase

Die Gestaltungsphase beantwortet die Frage »Wo wollen wir hin?«. Ausgehend von den Strategiekonzepten der definierten Geschäftsfelder werden nun konkrete Anforderungen für jedes einzelne Teammitglied der Lieferkette formuliert. Grafik 4.8 zeigt den Strategiefindungsprozess von der Umfeldanalyse bis hin zu den konkreten Umsetzungsmaßnahmen.

Schritt für Schritt nimmt die Zahl der Varianten ab. Gleichzeitig werden sie immer konkreter. Zusammen mit den Strategiekonzepten sind in diesem zweiten Workshop Maßnahmen festzulegen, die der Strategieumsetzung dienen. Das ist am einfachsten, wenn man konkrete Projekte definiert, die in den einzelnen Geschäftsfeldern gemeinsam angegangen werden. Das können bereits Kundenprojekte oder aber F&E-Projekte (Forschung und Entwicklung) sein. Projekte lassen sich jedoch nur dann zielorientiert auslösen, wenn ein gemeinsames Verständnis von Projektmanagement vorhanden ist. Die Beantwortung der Frage »Wer macht was bis wann?« reicht im Inter-Company-Business nicht aus, um Projekte erfolgreich gestalten zu können. Die Schritte zur Antwort auf die Frage nach dem »Wie« haben wir in Kapitel 2 (Projektanalyse, Projektplanung, Projektmittel, Projektkontrollinstrumente, Projektergebnis) und Kapitel 3 (Projektorganisation, Kalkulationsschema, Kapazitätsplanung, Projektrealisierung) bereits aufgezeigt. Das mehrstufige Funktionendiagramm hilft, die Aufgaben, Kompetenzen und Verantwortungen in einem Projekt eindeutig zu definieren. Auch die Maßnahmenplanung muss zwischen allen beteiligten Parteien der Lieferkette im Konsens vorgenommen und vor allem schriftlich festgehalten werden. Es ist darauf zu achten, dass die Strategien in den drei bis fünf vereinbarten strategischen Geschäftsfeldern untereinander stimmig sind. Das gilt sowohl für die Zielkunden und Produkte beziehungsweise Dienstleistungen als auch für Preise, Distribution und Logistik. Gemeinsam priorisieren die Unternehmen die Projekte nach dem Muster der Komplexitätsreduktion (Kriterien, Gewichtung, Bewertung, Ranking), vereinbaren grundlegende Spielregeln des Projektmanagements und entwickeln Funktionendiagramme. Die Erarbeitung dieser Inhalte ist Ziel des zweiten Workshops.

Mit diesen Angaben konzipiert das Strategieentwicklungsteam schließlich im Anschluss einen Business-Plan, der in einem dritten Workshop gemeinsam mit den relevanten Mitarbeitern verabschiedet wird. Dieser Business-Plan beinhaltet bereits konkrete Anforderungen an die funktionalen Bereiche der einzelnen Unternehmen der Lieferkette. Maßnahmen in Bereichen wie Forschung und Entwicklung, Unternehmenskommunikation, Personalwesen und Controlling sind genau definiert und mit entsprechenden Arbeitsterminplänen hinterlegt. Neben den Maßnahmen werden auch die Mittel fixiert (Investitionen, Budgets, Ressourcen), die zur Zielerreichung erforderlich sind.

Die Entwicklung neuer Leistungen im Einzelunternehmen, die Berücksichtigung neuer Produktions- oder Bearbeitungssysteme sowie die Festlegung der Absatzsysteme sind feste Bestandteile des dritten Workshops. All diese Punkte sind zu vereinbaren, um die entscheidende Frage »Wie kommen wir dorthin?« beantworten zu können. Mit diesen Angaben wird schließlich die Grundstrategie für jedes einzelne strategische Geschäftsfeld erarbeitet. Sie ist quasi eine konzentrierte Darstellung der Supply Chain-Strategie und fasst alle wichtigen Aspekte für die Lieferkette zusammen. Selbstverständlich berücksichtigt sie das Anforderungsprofil an jedes einzelne Teammitglied und beinhaltet die wesentlichen Ziele, Mittel und Maßnahmen für jedes Geschäftsfeld. Die Supply Chain-Strategie wird mit der ursprünglichen Vorstellung hinsichtlich der Identität der Lieferkette abgeglichen und den Unternehmenseignern oder deren Vertretern zur Freigabe vorgelegt. Mit der Definition von Leitplanken für die Strategieentwicklung bereits zu Beginn des gesamten Prozesses sollte vermieden werden, an diesem Punkt angelangt auf einmal feststellen zu müssen, dass der Prozess an den Leitbildern der Einzelunternehmen gescheitert ist. Gegebenenfalls müssen mit der Freigabe der Grundstrategie unternehmenspolitische Grundsätze der Einzelunternehmen geringfügig angepasst werden. Eine grundsätzliche Überarbeitung der Unternehmensphilosophie der Einzelunternehmen ist aber nicht vorgesehen.

Mit der Grundstrategie stellt das Strategieentwicklungsteam auch das zur Umsetzung erforderliche strategische Controlling vor. Es umfasst Maßnahmen-, Prämissen- und Eckwertcontrolling. Die Freigabe erfolgt durch die Unternehmenseigner oder durch deren Vertreter. Das Controlling im operativen Prozess ist ebenfalls Aufgabe des Strategieentwicklungsteams, da es die strategischen Bestandteile selbst erarbeitet hat und deshalb genau kennt.

Eine strukturierte Komplexitätsreduktion hat die Lieferkette steuerbar gemacht, eine wettbewerbsfähige Mannschaftsstrategie ist entwickelt und freigegeben. Nun geht es um die organisatorische Verankerung einer erfolgreichen Supply Chain. »Wie muss die Organisation eines schlagkräftigen Teams aussehen?« Mit dieser Frage beschäftigt sich der letzte Abschnitt des vierten Kapitels.

4. Organisationsentwicklung des Teams – Hauptherausforderung der Supply Chain

Vertreter aller Mitglieder der Supply Chain treffen sich unter Leitung des Strategieentwicklungsteams erneut zu einem Workshop. Dem Managementgrundsatz »Structure Follows Strategy« folgend vereinbaren sie die Organisation der Lieferkette.

4.1 Vorbemerkungen

Die Entwicklung der Organisation der Supply Chain ist aus unserer Sicht die zentrale Herausforderung. Konventionelle Organisationsformen greifen für eine Lieferkette nicht mehr. Im dritten Kapitel haben wir bereits ausführlich beschrieben, wie schwierig es für ein Einzelunternehmen ist, seine Organisation einer zunehmenden Komplexität der Projekte anzupassen. Von der Projektkoordination über die Matrix-Projektorganisation bis hin zur reinen Projektorganisation führt ein steiniger und anspruchsvoller Weg. Nur die wenigsten Unternehmen können ihn verlustfrei gehen. Das liegt vor allem daran, dass eine zunehmende Komplexität in der Organisation (vom autonomen Einzelunternehmer zur divisionalen Projektorganisation) auch zunehmend Konflikte produziert, den Koordinationsaufwand erhöht und zwischenmenschliche Reibungsflächen (Friktionen) schafft. Fredmund Malik distanziert sich deshalb bewusst von der Vorstellung, dass es in der Praxis wirklich »gute« Organisationen gibt. Es gibt keine guten und keine schlechten Organisationsformen per se, es gibt nur die passende Organisation für eine bestimmte Zeit und Umgebung.[15] Für entscheidend hält Fredmund Malik die Beantwortung von drei Schlüsselfragen, auf die sich aus unserer Sicht ebenfalls eine Lieferkette bei ihrer Organisationsentwicklung konzentrieren muss:

1. Wie müssen wir uns organisieren, damit das, wofür der Kunde uns bezahlt, im Zentrum der Aufmerksamkeit steht und von dort nicht wieder verschwinden kann?
2. Wie müssen wir uns organisieren, damit das, wofür wir unsere Mitarbeiter bezahlen, von diesen auch wirklich getan werden kann?
3. Wie müssen wir uns organisieren, damit das, wofür die Firmenspitze, das Top-Management, bezahlt wird, auch wirklich getan werden kann?

Nach Malik ist die jeweilige Organisation gewissermaßen die Brücke zwischen diesen drei Fragen.

Oberste Priorität in der Konzeption einer Supply Chain-Organisation ist die Entwicklung einer klaren Struktur; denn bei einer Lieferkette handelt es sich um einen äußerst komplexen Unternehmens-Organismus. Die Struktur kann also nicht einfach sein. Man muss sie aber verstehen können. Die Struktur der Supply Chain-Organisation muss sich natürlich an der entwickelten Strategie und somit an den drei bis fünf Geschäftsfeldern orientieren, für die sich die Lieferkette entschieden hat. Es ist deshalb naheliegend, für *jedes einzelne* strategische Geschäftsfeld eine *eigene transparente Struktur* zu schaffen.

Kleinstmögliche Einheiten zu bilden, die aber groß genug sind, sich ihre eigene Infrastruktur leisten zu können – diesem Managementgrundsatz messen wir im Rahmen der Lieferkettenorganisation eine besonders große Bedeutung bei. Auch im Hinblick auf das neue, andersartige Geschäft, das nun von der Lieferkette gemeinsam verfolgt wird, halten wir die Entwicklung einer neuen, vom laufenden Geschäft der Einzelunternehmen unabhängigen Struktur für sinnvoll.

Die nachfolgend skizzierte Organisation für eine Supply Chain basiert auf dem Strukturmodell des lebensfähigen Systems von Stafford Beer. Aus unserer Sicht ist das »Viable Systems Model« die mit Abstand beste Strukturierungshilfe für Lieferketten. Es liegt auf der Hand, dass wir das theoretische Modell für unsere Anwendung stark vereinfacht haben, um es praxisorientiert und verständlich darstellen zu können. Unsere Ausführungen beschreiben sukzessive die Entwicklung eines Organisationsmodells, das eine effektive Zusammenarbeit innerhalb einer Supply Chain ermöglicht. Diese Vorgehensweise wurde von uns bereits erfolgreich in der Praxis erprobt (Vertriebsorganisation eines renommierten deutschen Entwicklungs-Dienstleisters). Wir möchten darauf hinweisen, dass eine erfolgreiche Umsetzung fundierte Kenntnisse zur Strukturbildung in Unternehmen voraussetzt. In unseren Ausführungen verzichten wir bewusst auf eine tiefgehende wissenschaftliche Herleitung des Viable Systems Model. Sollten Sie aber eine Lieferkette nach dem Vorbild organisieren, so empfehlen wir dringend das Studium entsprechender Literatur (siehe Literaturverzeichnis) oder das Hinzuziehen qualifizierter externer Berater.

Die Wissenschaft der Bionik (Biologie/Technik) versucht Phänomene der Natur in technische Gebilde umzusetzen (z.B. in der Aerodynamik: Delfine → U-Boot, Vögel → Flugzeug …). Dabei stellt sie sich die Frage: »Wie funktioniert die Natur, was macht sie so wirksam?« und macht sich die Erkenntnisse zunutze. Voraussetzung dafür ist aber eine systemische Sichtweise. Auch das Viable Systems Model von Beer orientiert sich am lebendigen Organismus, der sich in ständiger Interaktion mit seiner Umwelt entwickelt, lernt und schließlich zu einem Fließgleichgewicht mit ihr kommt. Beer geht von einer ganzheitlichen Betrachtung aus, er beschreibt das Zusammenwirken von Einzelelementen, fordert die Nutzung integrativer Kräfte und den Einsatz von Regulierungs-Mechanismen.

Zum Zeitpunkt der Bildung einer Lieferkette existieren die verschiedenen Einzelunternehmen unabhängig voneinander. Die Einzelelemente sind autonom. Doch erst zusammen sind sie stärker, schlagkräftiger und letztendlich erfolgreicher. Das Ganze (Lieferkette) ist mehr als die Summe seiner Teile (Einzelunternehmen). Zum Verständnis der nachfolgenden Struktur einer Supply Chain ist deshalb eine neue, eine übergeordnete Sichtweise erforderlich. Die bekannten Standards für die Beurteilung der Organisationen von Einzelunternehmen (Profitcenter, ergebnisverantwortliche Einheiten …) greifen an dieser Stelle nicht mehr.

Analog zu Konzeption und Gestaltung einer langfristig ausgerichteten, soliden Grundstrategie konzentrieren wir uns bei der Organisationsentwicklung auf die dauerhafte Sicherung der Existenzfähigkeit einer Lieferkette. Dies steht im klaren Widerspruch zu rein ökonomischen Denkweisen, die der Gewinnmaximierung oberste Priorität einräumen und das Betriebsergebnis und den Shareholder Value in den Mittelpunkt aller Aktivitäten stellen. Doch die Erzielung kurzfristiger Gewinne in labilen Strukturen sollte nicht der primäre Anspruch an eine Supply Chain sein. Viele aktuelle Beispiele, etwa von Unternehmen des so genannten Neuen Marktes, zeigen, dass eine ausschließliche Fokussierung auf den raschen wirtschaftlichen Erfolg nicht immer auch wirklich zum Erfolg führt.[16]

4.2 Struktur

Im Rahmen unserer sequenziellen Organisationsentwicklung für die Lieferkette greifen wir bewusst nicht auf die konventionellen Organigramme zurück, wie sie die meisten Unternehmen verwenden. Dabei folgen wir erneut der Argumentation von Fredmund Malik:

»Ein wesentlicher Nachteil der konventionellen Organigramme (wie sie in den meisten Unternehmen Gebrauch finden) ist, dass sie in der Regel nur Unterstellungsverhältnisse aufzeigen, d.h. zeigen, wer im Unternehmen wo integriert ist und wem er unterstellt ist, uns jedoch nicht erklären, wie das Unternehmen funktioniert. Diese Auskunft befindet sich in den hinter den Organigrammen liegenden Strukturen. Die so genannten »Tiefenstrukturen« bringen genau jene Elemente und Funktionen zum Ausdruck, auf denen die Lebensfähigkeit der Unternehmung beruht. Lebensfähige Systeme sind all jene Operationen/Aktivitäten, die der eigentlichen Leistungserbringung dienen und damit der Zweckerfüllung der Unternehmung. In der Regel sind dies all jene Bereiche, die (im Prinzip) wieder ein selbständiges Unternehmen sein könnten.«

Und noch etwas kommt hinzu: In allen konventionellen Organigrammen fehlt das entscheidende Element, *der Kunde*, und mit ihm alle Rahmenbedingungen der Umwelt wie Marktentwicklung, Konjunktur oder Gesetzesvorschriften.[17] Um einen dauerhaften Erfolg erzielen zu können, sind aber gerade Umweltfaktoren von entscheidender Bedeutung. Die Umwelt der Lieferkette gibt vor, welche Aufgaben von dieser wahrgenommen werden müssen. Bereits die Strategieentwicklung der Supply Chain orientierte sich deshalb bedingungslos am Kunden (Fremdbilderhebungen für jedes mögliche Geschäftsfeld). Diese Außenorientierung muss sich nun auch in der Organisation wiederfinden. Die Aufgabe des Managements ist es immer, ein Gleichgewicht zwischen Umwelt und Unternehmen herzu-

4.9: Zusammenhang Umwelt / Leistung / Management
(Quelle: Stafford Beer und Management Zentrum St. Gallen)

stellen. Das Management steuert die Operationen des Unternehmens unter Berücksichtigung des Anforderungsprofils der Umwelt. Eine mangelhafte oder ungenügende Berücksichtigung der Umweltfaktoren hat verheerende Auswirkungen. Es gibt zahllose Negativbeispiele von Unternehmen, die sich nach erfolgreichen Jahren mehr und mehr mit sich selbst beschäftigen, Markt und Kunden vernachlässigen und so in große Schwierigkeiten geraten. Deshalb sorgt ein richtiges und gutes Management dafür, dass vermarktungsfähige Produkte entwickelt und produziert werden, ein zielorientiertes Vertriebs- und Marketingsystem vorhanden ist und alle weiteren für das Geschäft notwendigen Funktionen gegeben sind. Aus diesem Zusammenhang ergibt sich das in Grafik 4.9 dargestellte Schema.

Für eine Lieferkette, die sich aus mehreren Einzelunternehmen zusammensetzt, ist es entscheidend, die Einzelleistungen zielorientiert zusammenzuführen. Die Lieferkette braucht eine Funktion, die in der Lage ist, in Kenntnis der Gesamtsituation gewisse steuernde und regulierende Aufgaben wahrzunehmen. Diese Funktion, das Operative Corporate Management, hat natürlich Kontakt zur Umwelt (Markt, Kunde, …) und übernimmt eine ausbalancierende Funktion zwischen den einzelnen Unternehmen einer Lieferkette. Für *jedes einzelne* strategische Geschäftsfeld – im Rahmen der Strategieentwicklung hat sich die Lieferkette für drei bis fünf strategische Geschäfts-

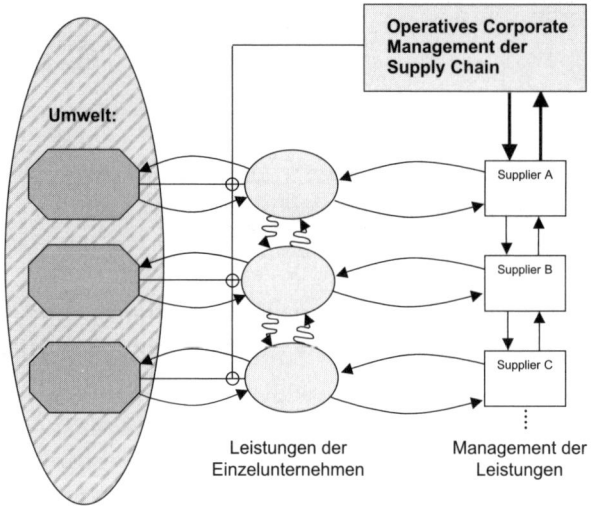

Operatives Corporate
Management der
Supply Chain

Umwelt:

Supplier A

Supplier B

Supplier C

Leistungen der
Einzelunternehmen

Management der
Leistungen

4.10: Operatives Corporate Management in der Supply Chain für jedes
strategische Geschäftsfeld
(Quelle: Stafford Beer und Management Zentrum St. Gallen)

felder entschieden – ergibt sich im ersten Schritt die in Grafik
4.10 dargestellte Struktur.

Die Funktion des Operativen Corporate Management wird
für jedes Geschäftsfeld von einem Mitglied der Supply Chain
wahrgenommen. Dabei handelt es sich entweder um ein Unternehmen, dem diese Rolle vom Auftraggeber zugewiesen wurde,
oder um das Unternehmen, das als treibende Kraft die Lieferkette gebildet hat.

Vom Operativen Corporate Management geht eine zentrale
Interventionskraft aus. Mit entsprechenden Kompetenzen ver-
sehen, kann es Weisungen an das Management der einzelnen
Supply Chain-Mitglieder geben. Entscheidend ist allerdings,
dass von dieser Weisungsbefugnis im Sinne einer zentralen
Befehlsgewalt äußert sparsam Gebrauch gemacht wird. Die einzelnen Teammitglieder würden derartige Interventionen als Ein-

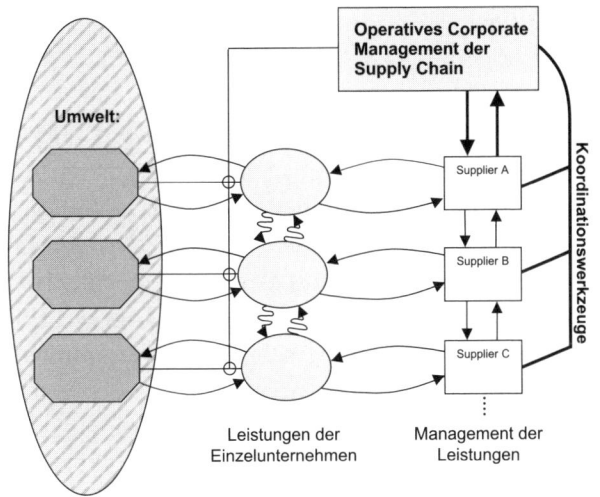

4.11: Integration von Koordinationswerkzeugen
(Quelle: Stafford Beer und Management Zentrum St. Gallen)

griff in ihre Autonomie verstehen. Nichtsdestotrotz akzeptieren
sie im allgemeinen, dass es eine derartige Funktion geben muss.
Das Operative Corporate Management der Supply Chain sollte
eher als Unterstützung und Hilfe für die Steuerung verstanden
werden und weniger als Machtfunktion.[18]

In der Bearbeitung von großvolumigen Projekten beispielsweise übernimmt das Operative Corporate Management die
Projektleitung. Da die Interessen der Einzelunternehmen (Supplier A-C ...) immer relativ zu den Interessen aller anderen
Teammitglieder im Sinne der gesamten Lieferkette zu sehen
sind, ergibt sich für das Operative Corporate Management eine
andere Perspektive als für die Einzelunternehmen. Das Opti-
mum für das Einzelunternehmen garantiert nicht unbedingt
ein Gesamtoptimum im Sinne der Supply Chain. Um die operative Gesamtleitung erfolgreich wahrnehmen zu können, be-

dient sich das Operative Corporate Management verschiedener Koordinationswerkzeuge, die eine ergebnisorientierte Führung ermöglichen (Grafik 4.11).

In den vorangegangenen Kapiteln haben wir eine ganze Reihe von Koordinationswerkzeugen bereits ausführlich beschrieben: Mit Hilfe des Funktionendiagramms lassen sich Aufgaben, Kompetenzen und Verantwortung zwischen den Einzelunternehmen (Supplier A-C ...) festlegen. Für die Supply Chain wird ein mehrstufiges Funktionendiagramm zu entwickeln sein, da jedes Einzelunternehmen im Rahmen der Zusammenarbeit bereits über ein eigenes Funktionendiagramm verfügen sollte. Ein weiteres notwendiges Werkzeug zur Steuerung der Lieferkette ist ein professionelles Projektmanagement. Ebenfalls erforderlich sind abgestimmte Aktivitäten im Bereich der Unternehmenskommunikation (vgl. Kapitel 5). Nur dann ist die Darstellung nach innen und außen zielorientiert, effektiv und effizient. Der Informations- und Datentransfer zwischen den Teammitgliedern ist sicherzustellen, entsprechende Koordinationsinstrumente sind zu vereinbaren (Regelmeetings, Produkt-Daten-Verwaltung, Intranet, Lieferkettenzeitschrift, ...).

Die Koordinationsmechanismen sind ein wesentlicher Erfolgsfaktor, auch um frühzeitig Synergieeffekte in der Lieferkette zu erreichen. Je stärker das Management der Einzelunternehmen ist, desto präziser müssen die Spielregeln in der Zusammenarbeit definiert sein. Die Koordinationswerkzeuge dienen auch dazu, Konfliktsituationen und Friktionen zu vermeiden und Konkurrenzverhältnisse auszuschließen. Übergreifende großvolumige Projekte, in welchen Job Rotation möglich ist, sollten genutzt werden, um Know-how, Spezialwissen und Erfahrungen zwischen den Teammitgliedern zu transferieren. Dadurch gelingt es auch, das gegenseitige Verständnis auszubauen. Die Mitarbeiter lernen, wie ihre Kollegen in den anderen Unternehmen denken, bekommen Einblick in deren Leistungsspektrum und bauen so gegenseitiges Vertrauen auf. So entsteht nach und nach ein wirklicher Team-Gedanke, der Mannschaftsgeist, der erforderlich ist für den gemeinsamen Erfolg als Lieferkette. Ein Vertriebsinformationssystem, in welchem aktuelle Auftragseingänge und Projekte erfasst und beschrieben sind, ist genauso zu integrieren wie ein effizientes Kundenkontaktsystem.

Alle bisher geschilderten Systeme und Komponenten befassten sich ausschließlich mit operativen Aufgabenstellungen im Gegenwartsgeschäft. Realitätsgerechte, aktuelle Informationen und Stabilität gewährleisten jedoch noch nicht die dauerhafte Lebensfähigkeit einer Lieferkette. Eine zusätzliche Funktion ist deshalb notwendig: das Strategische Management, das sich laufend mit der Strategie der Supply Chain auseinandersetzt.[19]

Bereits im Rahmen der Strategieentwicklung haben wir ausführlich die Bedeutung eines Strategieentwicklungsteams erörtert, in dem alle Mitglieder der Supply Chain vertreten sind. Dieses Strategieentwicklungsteam übernimmt die Aufgabe des Strategischen Managements. Das Strategische Management der Lieferkette verfolgt permanent zwei Richtungen: vom Markt her zur Lieferkette »outside in« und von den Kernfähigkeiten der Lieferkette hin zum Markt »inside out« (Grafik 4.12).

Neben der Strategieentwicklung der Supply Chain, die einen laufenden Prozess darstellt, gehört auch das Maßnahmen-, Prämissen- und Eckwertcontrolling zu den Aufgaben des Strategischen Managements. Die systematische Analyse des Marktes und der Mitbewerber (Kundennutzenanalyse, relative Qualität/relativer Preis: Value Map/Attribute Chart), die zielgerichtete Substitution von Marktleistungen (Innovation als Supply Chain-Strategie) und die ergebnisorientierte Analyse des Geschäftsfeldes (Wertkettenanalyse) haben wir bereits beschrieben. Die Balanced Scorecard, auf die wir hier nicht näher einge-

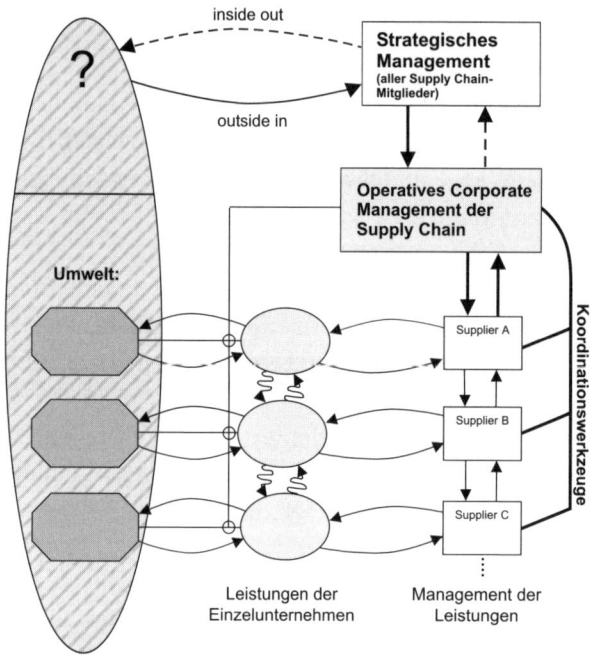

4.12: Integration des strategischen Managements
(Quelle: Stafford Beer und Management Zentrum St. Gallen)

hen möchten, ist ein weiteres wertvolles Werkzeug für das Strategische Management einer Lieferkette.

In der Praxis bildet das Strategische Management die Lead- oder Entscheidungsfunktion ab. Sie passt die Lieferkette an die grundsätzlichen Gegebenheiten der Umwelt an. Im Strategischen Management beschäftigen sich hochqualifizierte Mitarbeiter aller Supply Chain-Mitglieder mit längerfristigen Überlegungen, mit den Produkten und Leistungen von morgen sowie mit möglichen technischen Substitutionen, neuen Wertvorstellungen, Ansprüchen und geänderten Kundenbedürfnissen. Dafür müssen sie permanent in direktem Kontakt zur Umwelt

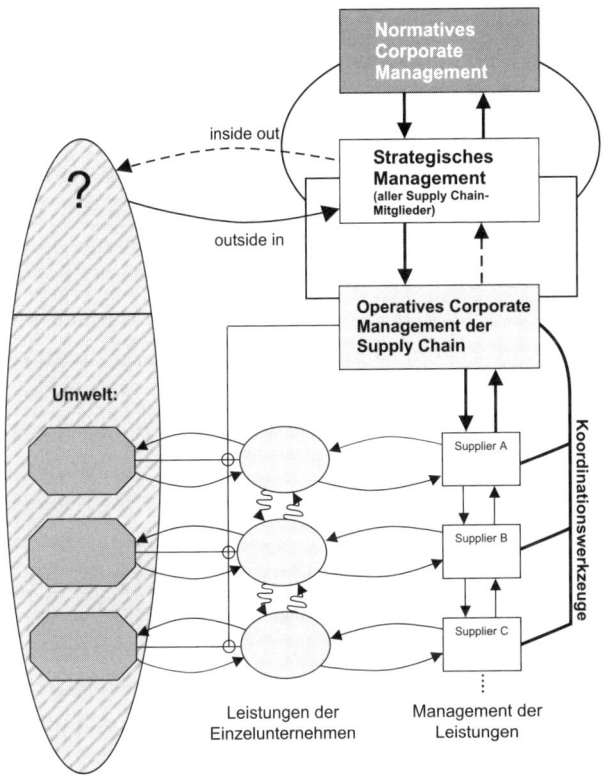

4.13: Integration des normativen Managements
(Quelle: Stafford Beer und Management Zentrum St. Gallen)

stehen. Nur dann lässt sich die künftige Lebensfähigkeit der Supply Chain sicherstellen.

Zu Problemen kann es bei der Beziehung zwischen dem Operativen und dem Strategischen Management kommen. Denn beide agieren auf zwei unterschiedlichen Ebenen. Die operative Ebene ist gegenwarts-, die strategische Ebene zukunftsorientiert.

Um eine Synergie zwischen diesen beiden Ebenen sicherzustellen, bedarf es eines übergeordneten Managements (Top-
Management). Seine Funktion ist es, die aus der Interaktion von
Operativem und Strategischem Management resultierenden
grundsätzlichen Probleme des Ausbalancierens von Gegenwart
und Zukunft, von Innenwelt und Außenwelt (inside/outside)
der Supply Chain durch oberste, Normen setzende Entscheidungen zu lösen.[20]

Das System »Normatives Corporate Management« ist letztendlich die oberste Entscheidungsinstanz des Gesamtsystems
und wird durch die Eigentümer der Einzelunternehmen oder
deren Vertreter repräsentiert. Die Identität der Lieferkette sowie das Leitbild werden im Normativen Corporate Management festgelegt. Hier wird die Supply Chain-Politik gemacht –
jedoch nicht im Sinne einer autoritären und einsamen Entscheidung des Top-Managements, sondern in engster Interaktion mit
dem Strategischen und dem Operativen Corporate Management. Die Festlegung von Normen und Regeln und die Erarbeitung und Auswahl der generellen Verhaltensalternativen im
Sinne einer aktiven Gestaltung der Zukunft der Supply Chain
kann nur in Abstimmung mit dem Operativen und Strategischen Management erfolgen und funktionieren (Grafik 4.13).

Selbstverständlich dient der vierte Workshop lediglich dazu,
einen grundsätzlichen Konsens zur Organisation der Supply
Chain zu erreichen. Die strukturelle Anpassung an die Strategie
jedes Geschäftsfeldes ist ein Prozess, der äußerst diszipliniert
verfolgt werden muss. Ist die Organisationsentwicklung des
Teams aber abgeschlossen, so ist der letzte Schritt getan, um die
Supply Chain erfolgreich in die Zukunft führen zu können.
Nicht umsonst heißt der Managementgrundsatz eigentlich
»Structure Follows Process Follows Strategy«.

5. Zusammenfassung

Die KOSTOR-Strategie stellt die Route mit dem höchsten Schwierigkeitsgrad auf den Gipfel des Erfolges dar. Sie enthält viele Werkzeuge und Methoden, die bereits das einzelne Unternehmen beherrschen und anwenden muss, wenn es sich auf seine Rolle in der Supply Chain vorbereitet. Die KOSTOR-Strategie enthält aber auch neue Instrumente und weist konsequent, Schritt für Schritt, den Weg zur erfolgreichen Lieferkette, zur erfolgreichen Mannschaft aus Unternehmen. Erfolgreich deshalb, weil sie sich eine Strategie erarbeitet und Strukturen geschaffen hat, die ihr eine stabile Marktposition im Wettkampf mit anderen Lieferketten sichert.

Drei große Punkte sind abzuarbeiten: Komplexitätsreduktion, Strategieentwicklung und Organisationsentwicklung. Die beiden ersten laufen parallel ab, die Organisationsentwicklung baut darauf auf. »Structure Follows Strategy!«

Einzelunternehmen mit hoch komplexen Strukturen bilden eine Lieferkette. Die Komplexität multipliziert sich dabei. Es entsteht ein Netzwerk, das kaum mehr zu steuern ist. Ein erfolgsorientiertes Supply Chain Management beginnt mit dem Prozess der Komplexitätsreduktion. Über einen strukturierten Selektionsprozess sind Kunden, Produkte, Projekte, Lieferanten und Prozesse auf ein beherrschbares Maß zu reduzieren. Ergebnis ist für jeden Teilbereich eine gemeinsame Rangfolge, auf die sich die Unternehmen geeinigt haben. Sie beschließen, auf welche Kunden, Projekte, Produkte, Lieferanten und Prozesse sie sich konzentrieren und welche wegfallen. Aktivitätenpläne mit konkreten Maßnahmen werden festgelegt. Um zu vermeiden, dass bei der Auslösung von Projekten neue Komplexitäten entstehen, definieren die Unternehmen exakt, wann ein Projekt ausgelöst wird und welche Kriterien dabei anzulegen sind.

Parallel zur Arbeitsgruppe, die sich mit der Komplexitätstreduktion beschäftigt, nimmt ein Strategieentwicklungsteam die Arbeit auf. Seine Perspektive ist langfristig. Hier zählen nicht nur schnelle Erfolge. Hier zählt die Schaffung einer stabilen Ausgangsposition für einen dauerhaften Erfolg. Umfangreiche Analysen, die Betrachtung aller Optionen sowie die Entscheidung für drei bis fünf strategische Geschäftsfelder und die Gestaltung der jeweiligen Grundstrategien sind die Aufgaben, die das Strategieentwicklungsteam zu bewältigen hat.

Die Organisationsentwicklung beginnt erst, wenn die Komplexitätstreduktion die Lieferkette steuerbar gemacht hat und eine wettbewerbsfähige Mannschaftsstrategie entwickelt und freigegeben wurde. Eine erfolgreiche Organisation der Lieferkette stellt den Kunden in den Mittelpunkt, berücksichtigt die Strukturen, in denen sich die Lieferkette bewegt und garantiert den ständigen Kontakt zur Außenwelt. Für jedes definierte Geschäftsfeld der Supply Chain ist eine eigene Organisation zu entwickeln. Entscheidende Bedeutung kommt dem Management zu, das auf drei Ebenen definiert werden muss. Das Operative Corporate Management verfügt über zentrale Interventionskraft und sorgt dafür, dass immer im Interesse der gesamten Supply Chain gehandelt wird. Das Strategische Management – diese Rolle übernimmt das Strategieentwicklungsteam – setzt sich laufend mit der Strategie der Lieferkette auseinander, überprüft sie, passt sie an. Das Top-Management, das Normative Corporate Management, ist die oberste Entscheidungsinstanz. Es gibt Normen und Regeln vor und sorgt für ein Gleichgewicht zwischen operativer und strategischer Ebene.

Eine Lieferkette ist nicht nur ein komplexer, sie ist auch ein lebendiger Organismus. Auch nach dem konsequenten Durchlaufen der beschriebenen Prozesse »Komplexitätstreduktion«, »Strategieentwicklung« und »Organisationsentwicklung« bleibt das Gesamtsystem Lieferkette dauernd in Bewegung, verlangt nach Aktion und Reaktion. Aus diesem Grund sind alle beschriebenen Methoden und Werkzeuge immens wichtig. Sie müssen immer wieder aufs Neue eingesetzt werden. Es darf zu keinem Stillstand kommen. Mit ihrer Hilfe gelingen Überprüfung, Anpassung und Ausrichtung der Strategie und der Struktur der Lieferkette, um das zu erreichen, was Ziel jeder Lieferkette sein sollte: eine sichere Position, der dauerhafte Erfolg in einem sich verändernden Markt.

Kapitel 5 | Integrierte Unternehmenskommunikation

> »Es sind nicht die Taten, sondern die Worte über die Taten, die Menschen bewegen.«
>
> Aristoteles

Die Rhetorik der Antike wird von Vertretern der Public Relations (PR) gerne als Vorform der modernen PR bezeichnet. Bemühen wir nochmals Aristoteles, dann wird verständlich, warum. Aristoteles definiert Rhetorik als die Fähigkeit, unterscheiden zu können, mit welchen Methoden man im Einzelfall unter den jeweiligen Umständen Überzeugungen hervorrufen kann. Und ziehen wir noch Platon hinzu. Er versteht unter Rhetorik das Gewinnen des menschlichen Geistes durch Worte. Und genau das will Unternehmenskommunikation: relevante Zielgruppen für sich gewinnen. Taten lassen Interpretationsmöglichkeiten. Ohne Kommunikation hat man keinen Einfluss darauf, ob und vor allem *wie* die Taten beachtet und bewertet werden. Das Eingangszitat mag gerade in einem Managementbuch recht provozierend sein und eventuell zum Widerspruch anregen. Aber das soll es auch. Schließlich geht es auf den folgenden Seiten um ein Thema, das gerne vernachlässigt und unterschätzt wird. Aristoteles spricht deshalb allen Kommunikationstreibenden aus der Seele.

Dieses fünfte Kapitel wird keinen Weg vorzeichnen, dem Sie nur noch folgen müssen. Bitte erwarten Sie auch kein 10-Punkte-Programm oder Checklisten. Wir werden auf den folgenden Seiten für einen Bereich sensibilisieren, den Unternehmen in gesättigten Märkten nicht mehr vernachlässigen dürfen.

Wir werden die Grundlagen schaffen für das Verständnis der Mechanismen von Kommunikation sowie für die individuelle Entwicklung integrierter Unternehmenskommunikation. Im ersten Teil des fünften Kapitels legen wir das Fundament für die weiteren Ausführungen und vor allem für das ganzheitliche Verständnis von integrierter Unternehmenskommunikation. Der zweite Teil beantwortet die zentrale Frage, wie Unternehmenskommunikation gestaltet werden muss, damit sie zum Erfolg des Unternehmens und der Lieferkette maßgeblich beiträgt.

1. Man kann nicht nicht kommunizieren! Man darf nicht nicht kommunizieren!

Warum muss überhaupt Unternehmenskommunikation betrieben werden? Henry Ford zum Beispiel hat einmal gesagt: »Wenn Sie einen Dollar in Ihr Unternehmen stecken wollen, so müssen Sie einen zweiten bereit halten, um das bekannt zu geben.« Oder Peter Drucker: »Das Marketing stellt jene Funktion dar, die ein Unternehmen von anderen unterscheidet und einzigartig macht.«

Auf den vorangegangenen Seiten haben wir betont, wie wichtig es für Unternehmen ist, sich für einen Platz in einer Lieferkette zu qualifizieren. Wir haben beschrieben, was hierfür zu tun ist. Es geht letztendlich darum, Fähigkeiten zu erarbeiten und sich attraktiv zu machen. Diese Attraktivität hat zwei Ebenen: Strategie und Struktur sowie Kultur.

Betrachten wir zuerst die Ebene der Strategie und Struktur. Attraktiv ist ein Unternehmen vor allem dann, wenn es hohe Marktanteile besitzt. Diese erwirbt es sich über die Nutzung heutiger (Kundennutzen/relative Qualität) und künftiger Ertragspotenziale (Innovation). Um die Ertragspotenziale *erfolg-*

reich nutzen zu können, muss das Unternehmen strategisch und organisatorisch vorbereitet sein. Es müssen Unternehmensstruktur und vorhandene Projektstrukturen überprüft und gegebenenfalls angepasst werden. Aufgaben, Kompetenzen und Verantwortungen sind eindeutig zu definieren.

Es gibt nun aber noch eine zweite Ebene der Attraktivität. Sie wurde von uns bereits in Kapitel 3 mit dem Thema Unternehmensphilosophie angesprochen. Um als Partner für eine Lieferkette in Frage zu kommen, muss ein Unternehmen nicht nur strategische und strukturelle, sondern auch kulturelle (kommunikative) Voraussetzungen schaffen. Nur dann lässt sich seine Strategie in gesättigten Märkten zielführend umsetzen. Es reicht nicht aus, gute und innovative Produkte oder Dienstleistungen anzubieten und einen positiven Kundennutzen zu stiften. Man muss dies auch kommunizieren – nach innen und außen. Erst dann ist ein Unternehmen wirklich attraktiv, denn erst dann wissen die Zielgruppen, wie gut es ist. In den vergangenen Jahren hat man verstärkt erkannt, wie bedeutsam für den Unternehmenserfolg Aufbau und Pflege von langfristigen Beziehungen sind. Denn es ist teurer, in weitgehend gesättigten Märkten mit starkem Wettbewerb neue Kunden zu gewinnen als aktuelle Kunden zu binden.

Kommunikation ist umso wichtiger, je austauschbarer Produkte und Dienstleistungen in gesättigten Märkten werden. Unternehmen müssen sich einen Markenwert aufbauen. Kommunikation ist dazu die entscheidende Schlüsselgröße.[21]

Das Gleiche gilt auch für die Lieferkette. Dabei ist ein besonderes Augenmerk auf die Organisation der Kommunikation zu legen, da mit dem Zusammenschluss von Unternehmen die Komplexität in allen Prozessen unwillkürlich steigt. Diese Komplexität gilt es, wie in Kapitel 4 beschrieben, zu reduzieren und managebar zu machen.

Wir haben Werkzeuge für strategische und strukturelle Anpassungen beschrieben. Derartige Veränderungen haben auf die Mitarbeiter deutliche Auswirkungen. Es entsteht ein erhöhter Informationsbedarf, da Veränderungen Menschen verunsichern. In einer Zeit der Neuerungen geht es auch darum, ein Klima des Vertrauens zu schaffen, die Mitarbeiter in aller Offenheit zu informieren und, wo es möglich ist, sie an Prozessen zu beteiligen und sie auf diese Weise auch zu motivieren.

Die Kernfrage lautet: Wie muss ein Unternehmen in den Kommunikationsdisziplinen PR, Marketing und Werbung agieren, um attraktiver Partner einer Lieferkette zu werden und zu bleiben? *Die Antwort darauf ist Voraussetzung für eine funktionierende Kommunikation einer gesamten Lieferkette.*

»Reden ist Gold, Schweigen ist Blech.«[22] Paul Watzlawick hat gesagt: »Man kann nicht nicht kommunizieren.« Er meint damit, dass sämtliches Verhalten bereits eine Form von Kommunikation ist und auch Schweigen eine Botschaft transportiert. Was wir meinen, wenn wir sagen »Man darf nicht nicht kommunizieren« ist: Nur, wenn Kommunikation geplant und zielgerichtet ist, zeitigt sie die angestrebten Wirkungen. Nur dann ist sie eine wirkliche Fähigkeit, die wirksam ist. Nur dann trägt sie zum Erfolg bei. Wenn ein Unternehmen sich entscheidet, zu sprechen, entscheidet es sich für die Möglichkeit, aktiv und zielorientiert zu kommunizieren, die Botschaften zu übermitteln, die es übermitteln will. Eine klar definierte Unternehmensidentität ist dabei von fundamentaler Bedeutung. Sie stellt die Basis für eine abgestimmte interne und externe Kommunikation dar.

2. Kommunikation ist nicht einfach

2.1 Nicht das eine oder das andere, sondern alles zusammen

Fragen Sie zehn Leute nach den Definitionen von PR, Marketing und Werbung sowie den Abgrenzungen zwischen diesen Aufgabenbereichen, so werden Sie wahrscheinlich zehn unterschiedliche Antworten erhalten. Vielleicht aber ist auch eine Stimme darunter, die sagt, man müsse die Unternehmenskommunikation ganzheitlich betrachten und sämtliche Aktivitäten integrieren.

Klären wir zuerst das Verhältnis von Marketing und PR. Für beide Begriffe gibt es sehr unterschiedliche Definitionen. Ursprünglich umfasste Marketing alle Maßnahmen, die auf den Absatz von Produkten und Dienstleistungen gerichtet sind. In neueren Ansätzen wird unter Marketing die gesamte Marktgestaltung durch ein Unternehmen verstanden. Die meisten Marketing-Lehrbücher beschreiben Marketing als Managementprozess und sprechen vom Marketing-Mix. Er besteht aus den vier Handlungsbereichen Produktpolitik, Preispolitik, Distributionspolitik und Kommunikationspolitik. Zur Kommunikationspolitik zählen Werbung, Verkaufsförderung, persönlicher Verkauf und Public Relations. PR landet in dieser Betrachtung also in der zweiten Hierarchieebene. Eine Platzierung, mit der die PR-Treibenden ganz und gar nicht einverstanden sind. Aktuelle Definitionen beschreiben PR als Management von Informations- und Kommunikationsprozessen zwischen Organisationen und ihren internen und externen Umwelten.[23] Längst ist PR mehr als Presse- und Informationsarbeit. PR beansprucht die kommunikative strategische Führungsfunktion für die Entwicklung, Umsetzung und Evaluation aller kommunikativen Aktivitäten einer Organisation. Woher nimmt die PR dazu die Berechtigung? PR spricht mit ihrer Kommunikation alle Bezugsgruppen an, richtet ihre Maßnahmen nach innen und außen. Schließt man sich dieser Sichtweise an, wird Marketing zu einer Subkategorie von PR.

Das Gleiche gilt für die Werbung. Werbung bedeutet, die Zielgruppen auf eine Leistung aufmerksam zu machen. Das reicht aber noch nicht. Mit Hilfe der Werbung bietet ein Unternehmen den Zielgruppen für ihr Bedürfnis eine einzigartige, unverwechselbare Lösung an. Diese Botschaften müssen die Zielgruppen verstehen und akzeptieren. Werbung dient dem Aufbau des Produktimages. Sie arbeitet mit Emotionen und verfolgt das Ziel, Kaufimpulse zu geben. Werbung ist stark bildorientiert. Und wirkt kurzfristig. Ihr Erfolg lässt sich durch den Absatz überprüfen.

Kommunikation muss also beim Empfänger der Botschaften ansetzen. Und dabei reicht es nicht, darauf abzuzielen, dass er die Botschaften wahrnimmt und versteht. Er muss vielmehr die Notwendigkeit erkennen, das Produkt zu kaufen oder die Dienstleistung in Anspruch zu nehmen. Und das gelingt nur, wenn die Botschaften glaubwürdig sind.

In letzter Konsequenz dienen alle Kommunikationsmaßnahmen denselben übergeordneten Zielen, der Positionierung und Profilierung, der Erhöhung des Bekanntheitsgrades und der Akzeptanz, der Absatzsteigerung bzw. der Gewinnung von Marktanteilen und damit dem Erfolg des Unternehmens. Und deshalb sind Diskussionen über Hierarchien und organisatorische Zuordnungen von Teildisziplinen der Unternehmenskommunikation nicht zielführend. Sie gehen an der Sache vorbei. Denn was will man erreichen? Effektive und effiziente Unternehmenskommunikation.

Von vielen Seiten wird mittlerweile gefordert – wir schließen uns dieser Forderung an –, alle Kommunikationsdisziplinen (PR, Marketing, Werbung, interne Kommunikation, ...) miteinander zu vernetzen, zielgerichtet und strategisch zu planen, kurz-, mittel- und langfristige Instrumente einzusetzen.

Denn es ist das Ergebnis, was zählt. Kommunikationsmanager erzielen optimale Ergebnisse unter Einsatz jener Disziplinen, die das Unternehmen am besten unterstützen, die definierten Ziele zu erreichen. Das Unternehmen muss nach innen und außen mit einer Stimme sprechen. Deshalb plädieren wir hier für eine integrierte Unternehmenskommunikation, welche die verschiedenen Kommunikationsdisziplinen zusammenführt, den transparenten Informationsaustausch fördert und die Kommunikation nach innen und außen integriert.

Last but not least wollen wir noch eine Abgrenzung vornehmen, die uns wichtig ist, da hier Irrmeinungen weit verbreitet sind. Public Relations ist nicht gleich Propaganda! Propaganda ist eine Kommunikationsform, die nur in eine Richtung wirkt. Sie ist parteilich ausgerichtet und verfolgt vor allem die Ziele der Persuasion, Mobilisierung und Kontrolle. Dafür wird die wahrheitsgemäße Information untergeordnet oder bewusst ausgeklammert.[24] Im Gegensatz zu PR ist Propaganda empirisch durchweg mit dem Phänomen »Manipulation« gekoppelt. Propaganda, und das unterscheidet sie auch deutlich von Werbung, erhebt einen Ausschließlichkeitsanspruch, der mit Androhung von Sanktionen verbunden sein kann und dem Rezipienten die Entscheidungsfreiheit nehmen will. PR will öffentliches Vertrauen herstellen, sie will überzeugen, und zwar durch Information und Kommunikation – nicht aber durch Manipulation.

2.2 Kommunikation – ein dominantes System

Kommunikation ist nicht einfach. Das kann jeder bestätigen. Beispiele aus der zwischenmenschlichen Kommunikation, wo man falsch oder gar nicht verstanden wurde, finden sich schnell. Noch schwieriger wird es, wenn man, wie in der Unternehmenskommunikation, mit Gruppen kommuniziert, deren Zusammensetzungen sehr unterschiedlich sind, oder, wie in der so genannten Massenkommunikation, die Botschaften auf ein disperses, das heißt verstreutes, unbekanntes Publikum treffen. Kommunikation ist kein linearer, einseitiger Prozess. Sie ist vielmehr vielschichtig und komplex, ein Rollenspiel mit vielen Akteuren und verschiedensten Einflussgrößen.

Es gibt verschiedene Theoriemodelle, mit deren Hilfe wir uns dem Thema Kommunikation nähern können, um es zu verstehen. Wir wählen hier eine ganzheitliche Sichtweise, eine Sichtweise auf die systemischen Zusammenhänge und folgen daher bewusst der Systemtheorie von Niklas Luhmann. Denn wir müssen uns mit der Komplexität und dem Systemcharakter sozialer Systeme auseinander setzen, um einen Blick zu bekommen für die Punkte, an denen eine Integrationsleistung erfolgen muss.

Ein System ist stets ein Wirkungsmechanismus, der eine eigene Dynamik und spezifische Funktionen besitzt. Seine bewegliche Struktur besteht aus Systemelementen (z.B. Wissen, Fähigkeiten, Qualitäten). Sie alle stehen in irgendeiner Beziehung zur Umwelt. Systeme sind von ihrer Umwelt abgeschlossen, können ohne sie aber nicht existieren. Das System ist in der Lage, Unterscheidungen an sich selbst vorzunehmen, die Umwelt nicht. Systeme werden von Ereignissen aus ihrer Umwelt beeinflusst und setzen das, was sie in der Umwelt wahrnehmen, in interne Systemvorgänge um (vgl. Viable Systems Model, Kapitel 4).

Ein Unternehmen ist ein selbstorganisierendes Sozialsystem. Es ist in der Regel ein Teil des Funktionssystems Wirtschaft und besteht seinerseits wiederum aus Teilsystemen unterschiedlicher Komplexität. Das Ganze ist aber mehr als die Summe seiner Teile. Die Beziehung zwischen dem System und den Teilsystemen ist an keiner Stelle ein kausaler Ursache-Wirkungsprozess.[25] Alles ist mit allem oder zumindest vieles mit vielem verbunden. Änderungen an einer Stelle haben Auswirkungen auf viele Nebenbereiche, die ihrerseits Einfluss auf andere Bereiche haben … Es gilt also immer die Gesamtzusammenhänge, die systemischen Zusammenhänge zu betrachten.

Bei ihrem Aufbau stehen einzelne Systeme vor dem Problem, dass die Umwelt stets sehr viel komplexer ist als sie selbst. Die Komplexität muss also reduziert werden. Eine unübersichtliche, weil zunächst ungeordnete und komplexe Umwelt wird durch geordnete Selektion übersichtlich und dadurch beherrschbar. (vgl. Komplexitätsreduktion, Kapitel 4) Das System wählt aus einer Vielzahl von Umweltelementen jene aus, die für das System relevant sind. Die Zahl der Elemente (Qualitäten, Fähigkeiten, Wissen, …) im System wächst und mit ihr die Zahl der zwischen ihnen möglichen Beziehungen und Verbindungen. Das System ist gezwungen, die verschiedenen Elemente, die als ungeordnete Inputs vorliegen, zu sortieren, zu ordnen und zu differenzieren. Es entstehen wiederum Teilsysteme. Im Prozess ihrer Organisation beziehen sich Systeme nur auf sich selbst und ihre Elemente. Durch die organisatorische Geschlossenheit sind die Systeme autonom. Alle Voraussetzungen zur Informationsgewinnung und alle Operationsregeln, die das System braucht, sind bereits in der Organisation des Systems gegeben. Diese Autonomie garantiert die Stabilität und Konsistenz von Wahrnehmungen.

Systeme sind zwar in sich geschlossen, aber trotzdem miteinander verknüpft.

Alle Systeme haben bestimmte Erfordernisse oder müssen bestimmte Probleme lösen. Dazu gehört die Anpassung an wechselnde Umweltbedingungen, die Sicherung einer gewissen Stabilität und die Integration der Systemelemente bzw. Subsysteme.

Jedes System besteht aus spezifizierten Kommunikationen, die es von den anderen Systemen abgrenzen. Organisationen, also auch Unternehmen, entstehen dadurch, dass Entscheidungen und Regeln kommuniziert werden und sich daran weitere

Kommunikationen anschließen. Kommunikation operiert nach Luhmann mit drei Selektionen: Information (Selektion aus verschiedenen Verhaltensmöglichkeiten), Mitteilung (Selektion aus verschiedenen Sachverhalten) und Verstehen. Verstehen bedeutet: Der Adressat bestimmt, welche Zustandsänderung die Kommunikation bei ihm bewirkt.

Greifen wir zwei Punkte heraus und behalten wir sie im Blick, während wir uns der Theorie des Konstruktivismus zuwenden. Systeme sind in sich geschlossen, beziehen sich auf sich selbst. Und sie selektieren in ihren Operationen, um Komplexität zu reduzieren.

Das Humansystem Mensch konstruiert, so der Konstruktivismus, seine eigene einzigartige Realität. Sie bleibt aber den anderen in dieser Form unzugänglich, weil jedes andere Subjekt seinerseits ein geschlossenes System darstellt bzw. Teil eines geschlossenen Systems ist. So ist jeder in der Lage, für sich stabile Konzepte von Teilen der Umwelt zu erstellen. Jeder besitzt dauerhafte und regelhaft gewonnene Annahmen über die Realität. Neuere Tendenzen im Konstruktivismus verstehen die Wirklichkeitsverarbeitung als einen wechselseitigen Prozess, in dem der Mensch die Umwelt aktiv gestaltet und gleichzeitig Verhaltensschemata an die Umwelt angleicht. In diesem Prozess findet das Erkennen der Wirklichkeit statt. Es gibt keine Gewissheit über Wirklichkeit, sondern wir haben es immer nur mit Wirklichkeitskonstruktionen zu tun, die im Prinzip immer zur Disposition stehen. Die aktuelle Wirklichkeit des Menschen bildet sich aus der realen, erfahrbaren Wirklichkeit und der *fiktionalen* Wirklichkeit. Die Menschen sind darauf angewiesen, sich laufend Bestätigung für ihre Wirklichkeitsentwürfe zu holen. Da der Stellenwert ihrer erfahrbaren Wirklichkeit sinkt, versuchen sie, diese Entwürfe durch fiktionale Strukturen, also nicht nachprüfbare Informationen oder Annahmen, abzustützen. Öffentliche Meinung dient dabei als Ersatz für »den oder die anderen«. Sie kann entweder zur Bestätigung führen, aber auch zur Verunsicherung, und damit die Notwendigkeit einer Korrektur aufzeigen.[26]

Unternehmenskommunikation liefert Informationen, die als Orientierung dienen, und sie nutzt den Umstand aus, dass sich Meinungen und Einstellungen beim Rezipienten durch Spiegelung in anderen Einstellungen und Meinungen verfestigen. Die Maßnahmen der Unternehmenskommunikation unterstützen die gewünschte Wirklichkeit im Sinne ihrer Strategie.

Kommen wir noch einmal auf das Thema Selektion zurück. Wir haben es mit Menschen zu tun, die beständig ihre eigene Wirklichkeit erzeugen und dabei Orientierung suchen bei der öffentlichen Wirklichkeit. In der Kommunikation findet beim Rezipienten eine Selektion auf drei Ebenen statt. Vor der Kommunikation entscheidet er sich für oder gegen die Auswahl einer Informationsquelle, für oder gegen die Zuwendung zum Kommunikator. Während des Kommunikationsprozesses steuert er die Dauer und die Intensität der Aufmerksamkeit, die Verarbeitung und Interpretation der Mitteilung. Nach der Kommunikation entscheidet er über Umfang und Inhalt der behaltenen Information und über die Art der Reaktion auf die Mitteilung (Verhalten, Einstellungsänderungen, Kommunikation …). Dabei, und das ist die Sichtweise des aktiven Rezipienten, projiziert er sein Wissen, seine Einstellungen und Werthaltungen, seine Motive und Handlungsdispositionen in die vom Kommunikator gesendeten Botschaften. Das Ergebnis ist also sehr stark abhängig von der Interpretationsleistung des Rezipienten. In gewisser Weise ist es in den meisten Kommunikationssituationen notwendig, zu selektieren, da die jeweils angebotene Information die Aufmerksamkeits- und Verarbeitungskapazität des Rezipienten übersteigt. Das Faktum der Selektivität ist eines der wesentlichen Kennzeichen von Kommunikation und Massenkommunikation. Dadurch lässt sich das Publikum der verschiedenen Massenmedien in Bezug auf viele Merkmale unterscheiden wie Demographie (Alter, Geschlecht, Ausbildung, Einkommen …), Persönlichkeit, Einstellungen und Verhalten. Und auf der anderen Seite sind diese Unterscheidungen Grundlage für die Definition von Zielgruppen, mit denen die Unternehmenskommunikation arbeitet. Man muss sich die Selektion auf Rezipientenseite immer wieder vergegenwärtigen, wenn man über den Einsatz von Kommunikationsmaßnahmen und deren Gestaltung entscheidet. Denn Ziel dabei ist ja, dass die Botschaften das Selektionsraster der Zielgruppen passieren.

Selektion, und das ist für die Pressearbeit von Bedeutung, findet auch auf Seiten der Journalisten statt. Der Psychologe Kurt Lewin[27] bezeichnet die Journalisten als »Gatekeepers«. Sie wählen aus der Fülle der Themen und eingehenden Meldungen die aus, die sie bearbeiten und veröffentlichen. Damit schaffen sie bereits ein bestimmtes Abbild der Wirklichkeit. Denn nur ein Bruchteil an Ereignissen und Informationen gelangt letztendlich zum Rezipienten. Die Kriterien, die Journalisten dabei anlegen, wurden in Studien untersucht. Sie reichen von persönlichen Interessen, Vorlieben und Einstellungen, handwerklichen Kriterien und redaktionellen Anforderungen über professionelle Normen und organisatorische Zwänge bis hin zum Nachrichtenwert eines Ereignisses. Die Nachrichtentheorie[28] ist mittlerweile empirisch bestätigt und weiterentwickelt worden. Sie definiert zwölf Nachrichtenfaktoren, die ein Ereignis nachrichtenrelevant machen:

1. Ereignisentwicklung
2. Außergewöhnlichkeit
3. Eindeutigkeit
4. soziale Relevanz/Betroffenheit

5. Übereinstimmung mit Erwartungen und Vorstellungen
6. Überraschung
7. Themenkarriere (ein Ereignis mit langem Atem)
8. thematische Besonderheit
9. Bezug zu Elite-Nationen
10. Bezug zu Elite-Personen
11. Personalisierung
12. Negativität

Diese Faktoren sollte man beachten, will man mit Nachrichten über Ereignisse im Unternehmen in den Medien Beachtung finden.

2.3 Öffentlichkeit und öffentliche Meinung[29]

Die verschiedenen Kommunikationsdisziplinen wie PR oder Werbung arbeiten mit dem Prinzip der Teilöffentlichkeiten bzw. Zielgruppen. Teilöffentlichkeiten sind Gruppen, die sich durch spezifische Thematisierungen auszeichnen und sich eben dadurch von anderen Gruppen unterscheiden. Zielgruppen werden nach regionalen, demographischen sowie Lebensstilmerkmalen oder Konsumentenmerkmalen bestimmt. Es gibt noch einen weiteren Begriff, den der »Bezugsgruppe«. Er stellt den jeweiligen Bezug in den Vordergrund, den eine Gruppe im Hinblick auf das Unternehmen einnimmt.

Grund dafür, dass man den Begriff »Öffentlichkeit« meist nur noch im Plural verwendet oder von »Teilöffentlichkeiten« spricht, ist die Pluralisierung bzw. Fragmentierung von Öffentlichkeit.

Landläufig wird Öffentlichkeit gerne immer noch mit »alle« gleichgesetzt. Dann geht man davon aus, dass es einen Prozess gibt, an dem alle Gesellschaftsmitglieder teilnehmen und in

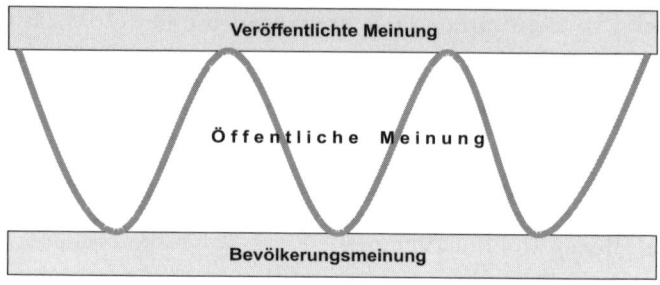

5.1: Öffentliche Meinung als Resonanzboden

dem sich die Gesellschaft über ihre wichtigsten Ziele und Grundannahmen verständigt. Das ist unpräzise und es ist eine Fiktion.

Genauso wenig wie es *die* Öffentlichkeit gibt, gibt es *die* öffentliche Meinung. Auch hier muss man differenzieren. Nach einem beschreibenden Konzept ist die öffentliche Meinung die Summe aller Ansichten, Einstellungen und Wünsche in der Bevölkerung. Sie ist eine demoskopische (Meinungsforschung) Momentaufnahme und kann als Bevölkerungsmeinung bezeichnet werden. Nichts anderes machen Meinungsforschungsinstitute. Sie geben eine Momentaufnahme der öffentlichen Meinung aus einer Gesamtheit von Themen. Ein weiterer Ansatz ist, öffentliche Meinung als Prozess zu betrachten. Demnach ist sie ein öffentlicher Willensbildungsprozess und fungiert als Kontrollorgan von Politik und Wirtschaft. Im Verständnis der Systemtheorie von Luhmann ist öffentliche Meinung die Gesamtheit aller durch die Massenmedien verbreiteten Meinungen, die gesellschaftliche Wirkungen hervorrufen. Ihre Funktion ist es, eine allgemeine Themenstruktur gesellschaftlicher Kommunikation zu erzeugen. Hier ist öffentliche Meinung das Produkt von Öffentlichkeit und wird mit der veröffentlichten Meinung gleichgesetzt.

174

Die Handlungstheorie sieht öffentliche Meinung als Konsens, der in der Gesellschaft immer wieder von neuem hergestellt werden muss.

Was bedeutet dies für die Unternehmenskommunikation? Die öffentliche Meinung, die sich zwischen Bevölkerungsmeinung und veröffentlichter Meinung befindet, ist der Resonanzboden für die Aktivitäten der Unternehmenskommunikation. Aus der veröffentlichten Meinung ist keine direkte Wirkung auf die Zielgruppen abzuleiten. Denn sie sagt nichts darüber aus, was bei den Zielgruppen angekommen ist. Deshalb kann sich Unternehmenskommunikation in ihren Aktivitäten nach außen nicht auf die Pressearbeit beschränken, sondern muss auch über die direkte Zielgruppenansprache gehen.

Mit einer letzten Begriffsklärung wollen wir diesen Abschnitt des Kapitels abschließen. Hierbei geht es um Meinung, Einstellung, Image – Begriffe, mit denen die Unternehmenskommunikation agiert, Punkte, an denen sie ansetzt. Eine *Meinung* ist eine subjektive Wahrheit. Sie hat als wertende Aussage den Status einer »Information über Information« (Meta-Information). Meinungen sind durch emotionalen und kognitiven Appell zu beeinflussen, also zu verändern.

Einstellungen werden langsamer aufgebaut, werden erlernt und sind stabiler. Sie fungieren aber ebenso wie Meinungen als Informationsfilter. Mit Einstellung wird zum einen die Bereitschaft einer Person bezeichnet, auf ein Objekt (Gegenstand, Idee, Person …) mit bestimmten Gefühlen, Wahrnehmungen und Vorstellungen zu reagieren. Zum anderen bezeichnet Einstellung ein Erlebnis- und Erfahrungsmuster, mit dem eine Person auf ein Objekt reagiert.

Ein *Image* ist ein kollektives Vorstellungsbild. Es drückt die Gesamtheit der Erwartungen, Einstellungen, Gefühle und Wünsche aus, die eine Person oder Gruppe im Hinblick auf beispielsweise ein Produkt besitzt. Ein Image geht über die reine Funktion des Produktes hinaus. Es bedeutet, man weist dem Produkt bestimmte Eigenschaften zu. Images lassen sich nicht beliebig steuern. Man kann sie in gewissen Grenzen erzeugen oder verändern, sie sind aber immer verankert in den Meinungen und Einstellungen sowie in den persönlichen und auch massenmedial vermittelten Erfahrungen.

3. Der Blick für's Ganze

Wir können uns nun der Kernfrage dieses fünften Kapitels zuwenden: Wie muss Unternehmenskommunikation betrieben werden, damit ein Unternehmen in möglichst kurzer Zeit attraktiver Partner für eine Lieferkette wird? Wir werden Themen und Aufgaben ansprechen, mit denen sich nicht nur das Einzelunternehmen beschäftigen muss, sondern die gesamte Lieferkette.

3.1 Effektivität und Effizienz durch Integration

Integrierte Unternehmenskommunikation ist nicht nur ein Thema der Organisation und Struktur. Integrierte Unternehmenskommunikation ist auch eine Frage der Philosophie, eine Frage der Bedeutung, die man ihr einräumt, eine Frage der Sichtweise im Unternehmen.

Kommunikation ist ein Führungsinstrument. Richtig eingesetzt, mit der richtigen Strategie und den richtigen Maßnahmen operierend, trägt Kommunikation maßgeblich zum Unternehmenserfolg bei. Leider wird dieses Potenzial häufig nicht erkannt und bleibt folglich ungenutzt. Dann verfällt man dem Irrglauben, klare Anweisungen an die Mitarbeiter, ein paar Werbemaßnahmen und gelegentliche Pressemitteilungen reichen aus. Damit missachtet man aber die Grundsätze effektiver und effizienter Kommunikation. Man vergibt Chancen, lässt Potenzial ungenutzt und, was noch schlimmer ist, richtet Schaden an.

Ziehen wir hierfür als Beispiel die Mitarbeiterkommunikation heran. Unternehmen bleiben nur dann nachhaltig gewinn- und lebensfähig, wenn sie immer wieder einen neuen Nutzenvorteil vor der Konkurrenz anbieten können. Der bedeutendste Wettbewerbsvorteil sind die Menschen, die Mitarbeiter eines Unternehmens. Das gilt vor allem dann, wenn das Produkt des Unternehmens eine Dienstleistung ist. Information und Kommunikation sind hier die Schlüsselbegriffe. Mitarbeiter, die informiert werden und die durch Dialog Einblick in das Geschehen im Unternehmen bekommen und aktiv an der Zukunftsgestaltung mitwirken, sind motiviert. Sie haben Vertrauen zum Unternehmen und können seinen Zielen entsprechend agieren. Sie können und werden sich mit all ihrer Kreativität und Leistungsfähigkeit für das Unternehmen einsetzen. Und sie sind Botschafter des Unternehmens nach innen und außen. Vernachlässigt man die Mitarbeiter, so ist das Ergebnis sinkende Kreativität, abnehmende Innovationsfähigkeit, fehlende Motivation und möglicherweise eine überdurchschnittlich hohe Fluktuationsrate. Dann besitzt das Unternehmen in seinen Mitarbeitern Botschafter, die keine oder negative Aussagen transportieren.

Integrierte Unternehmenskommunikation bedeutet Integration auf vier Ebenen:
1. Integration der Kommunikationsdisziplinen
2. Integration der Kommunikation nach innen und der Kommunikation nach außen
3. Integration der Information aus den Zielgruppen
4. Integration der Information von innen und der Information von außen.

Entscheidet sich ein Unternehmen, das Prinzip der integrierten Unternehmenskommunikation konsequent zu verfolgen, so muss es strukturelle Voraussetzungen schaffen. In vielen Unternehmen sind die Kommunikationsdisziplinen organisatorisch nicht ausreichend verankert und verknüpft, das Zusammenwirken ist häufig nicht vorhanden oder ungenügend. Es führt aber auch nicht zum Ziel, einen Bereich dem anderen organisatorisch unterzuordnen, also beispielsweise PR dem Marketing oder umgekehrt. Vielmehr muss man alle Kommunikationsbereiche unter eine Leitung stellen und diese Leitung direkt in der Führungsspitze verankern. Kommunikation nach innen und außen ist Chefsache; denn nur auf dieser Ebene sind alle Informationen ohne Zeit- und Detailverlust verfügbar. Der Leiter bzw. die Leiterin der Unternehmenskommunikation und die Unternehmensleitung müssen die am besten informierten Menschen im Unternehmen sein. Nur dann kann die Leitung der Unternehmenskommunikation ihrer Aufgabe gerecht werden. Nur dann ist eine wirkliche Integration aller Kommunikationsmaßnahmen möglich.

Unternehmenskommunikation arbeitet sowohl auf der strategischen als auch auf der operativen Ebene und stellt die Verbindung zwischen beiden her.[30] Zu den Aufgaben der Unternehmenskommunikation gehören Entwicklung und Umsetzung einer integrierten Kommunikationsstrategie. Sie dient dazu, Positionen, Ziele und Leistungen des Unternehmens gegenüber den relevanten Teilöffentlichkeiten glaubhaft zu vermitteln. Eine weitere Aufgabe ist die Einführung eines einheitlichen Auftritts nach innen und außen (Corporate Identity). Außerdem berät der Bereich Unternehmenskommunikation die Unternehmensführung und die Fachbereiche in Bezug auf die kommunikative Wirkung von Entscheidungen; sie bildet die Schnittstelle zwischen innen und außen, informiert die Entscheider über Veränderungen im Umfeld des Unternehmens und gibt

Empfehlungen zur Ausrichtung der Geschäftspolitik. Sie überprüft kontinuierlich Entwicklungen und Veränderungen im Markt und im sozialen Umfeld und nimmt Korrekturen am Erscheinungsbild des Unternehmens vor; denn das Unternehmen muss immer aufs Neue so am Markt platziert werden, dass seine Einzigartigkeit, das, was es vom Mitbewerb abhebt, deutlich wird. Jedes Produkt besitzt einen unverwechselbaren Kaufanreiz (Konzept der Unique Selling Proposition, USP).

Entscheidend für die erfolgreiche Bewältigung der Aufgaben ist die Wahl der Mittel und die Orientierung an den Teilöffentlichkeiten bzw. Zielgruppen.

Wenden wir den Blick vom Einzelunternehmen nun auf die Lieferkette. Hier gibt es eine zusätzliche Ebene der Integration. Die Kommunikation der Lieferkette muss die Kommunikation aller Partner integrieren, zusammenfassen und dann dieselben Aufgaben erfüllen wie im Einzelunternehmen.

Unternehmenskommunikation – und hier meinen wir die Kommunikation des Einzelunternehmens und die der Lieferkette –, die Kommunikation nach innen und außen, muss sich an bestimmten Grundsätzen orientieren. Erfolgreiche Kommunikation lebt von der Glaubwürdigkeit ihrer Botschaften und von der Glaubwürdigkeit ihrer Akteure. Glaubwürdigkeit entscheidet über Akzeptanz. Das bedeutet: Worte und Taten müssen übereinstimmen. Wenn die Rezipienten ablehnend auf Informationen und Versprechungen einer Kampagne reagieren, weil sie mit dem Unternehmen bzw. der Lieferkette ganz andere Erfahrungen machen, dann waren die Anstrengungen umsonst, ja haben vielleicht sogar geschadet. »Vertrauen ist der Anfang von allem.« Diesen Slogan wählte ein großes deutsches Bankhaus. Und es hat Recht. Nur wenn die relevanten Teilöffentlichkeiten wie Mitarbeiter und Kunden Vertrauen in das Unternehmen und die Lieferkette haben, gelingt es, Kommunikation zur Wirkung zu bringen. Vertrauen und Glaubwürdigkeit basieren auf Offenheit und Wahrhaftigkeit. Man muss nicht alles sagen, was wahr ist. Aber alles Gesagte muss wahr sein. Es ist nicht notwendig, ein gläsernes Unternehmen oder eine gläserne Lieferkette zu schaffen. Aber die relevanten Informationen sind der Öffentlichkeit zugänglich zu machen. Information ist der Anfang aller Prozesse, in die das Unternehmen und die Lieferkette mit den Zielgruppen einsteigt. Die Entscheidung darüber, was man mitteilt und was nicht, begründet sich auf der Kommunikationsstrategie. Zu beachten ist, dass vor allem in der Mitarbeiterkommunikation und in der Pressearbeit Informationen fließen müssen. Ohne Information entsteht kein vertrauensvolles Verhältnis. Die vom Unternehmen und der Lieferkette nach innen und außen getroffenen Aussagen dürfen sich nie widersprechen. Hier muss Konsistenz herrschen. Hier muss man »mit einer Stimme sprechen«. Nur so entsteht das in der Kommunikationsstrategie definierte einheitliche Erscheinungsbild des Unternehmens und der Lieferkette. Und Konsistenz ist wiederum Basis für Glaubwürdigkeit und Vertrauen.

3.2 Erst das Bild, dann 1000 Worte

Integrierte Unternehmenskommunikation ist eingebettet in ein Konzept, das gerade in den letzten Jahren eine Renaissance erlebte: Corporate Identity (CI). Diese Aktualität kommt nicht von ungefähr. Die wirtschaftlichen, politischen und gesellschaftlichen Rahmenbedingungen sind einem Wandel unterworfen. Die Unternehmen ändern sich, müssen sich ändern. Sie passen Strategie, Strukturen, Produkte, Prozesse an. Für die Zulieferunternehmen gilt: Der Wettbewerbsdruck nimmt zu, sie müssen sich behaupten und für einen Platz in der Lieferkette qualifizieren. In einer solchen Phase müssen Unternehmen ihren Bezugsgruppen innen und außen durch eine einzigartige Identität Orientierung und Sicherheit bieten und sich von den Mitbewerbern abheben. Hat sich eine Lieferkette gebildet, so muss sie dieselben Anforderungen erfüllen.

Es ist daher strategisch notwendig, eine Corporate Identity auch für die Lieferkette aufzubauen und zu pflegen. Die Kunden sollen wissen, was das für eine Lieferkette ist, was sie bietet, wie sie funktioniert. Sie müssen sich ein genaues Bild machen können. Investoren sollen Stärken erkennen, die das Unternehmen in der Lieferkette sowie die Lieferkette als Ganzes unvergleichlich machen. Mitarbeiter müssen wissen, warum sie sich für ihr Unternehmen engagieren sollen. Um eine Bezugsgruppe effektiv und effizient ansprechen zu können, ist die Corporate Identity die notwendige Basis. Und deshalb wird in jüngster Zeit wieder stärker auf das CI-Konzept zurückgegriffen. Damit lässt sich das Profil eines Unternehmens und einer Lieferkette intern wie extern schärfen. Die CI soll eine einzigartige Identität verleihen und zu einer starken Wettbewerbsposition führen.

Früher prägten Firmengründer die Identität eines Unternehmens, dann übernahm diese Rolle zunehmend das Produkt und die Marke. Nach dem Zweiten Weltkrieg wird die Gestaltung des Produktes wichtig. Mitte der 50er Jahre kommt ein weiterer Faktor hinzu: das Image. Wenn Imagekampagnen nicht den gewünschten Erfolg hatten, dann lag das vor allem daran, dass Mitarbeiter ihr eigenes Unternehmen in den Kampagnen nicht wiedererkannten und dies auch nach außen kommunizierten. In den 70er Jahren wurde CI als ganzheitliches Konzept entwickelt, das Design, Verhalten und Kommunikation umfasst. Heute spielt die Unternehmensidentität eine bedeutende Rolle. Mehrere Studien fanden heraus, dass sie mit dem Unternehmenserfolg in starkem Maße korreliert.

»Corporate Identity ist das Management von Identitätsprozessen einer Organisation.«[31]

»Eine Corporate Identity basiert auf der Corporate Culture, beinhaltet darüber hinaus die Art und Weise, in der sich das

Unternehmen nach innen und außen verhält. Die kulturelle Ausrichtung und das Auftreten sind widerspruchsfrei und konsistent.«[32]

Die Identität ist zum einen das Selbstverständnis eines Unternehmens, das Selbstbild, das nach innen und außen kommuniziert wird. Es zeigt sich im Denken, Handeln und den Leistungen des Unternehmens. Je mehr Mitarbeiter diese Auffassung teilen und sich dementsprechend verhalten, desto einheitlicher und ausgeprägter ist die Unternehmensidentität.

CI wirkt nach innen und nach außen, verfolgt Ziele in beiden Richtungen.

Beschäftigen wir uns zuerst mit ihrer Innenfunktion. Im Laufe seiner Geschichte bilden sich im Unternehmen bestimmte Verhaltensformen, Normen und organisatorische Strukturen heraus. In diese ist das Verhalten aller Mitarbeiter, auch des Managements, eingebettet. Diese Entwicklungsgeschichte kann auch als Prozess einer zunehmenden funktionalen Ausdifferenzierung verstanden werden. Subsysteme wie Produktion, Entwicklung, Vertrieb und Marketing bilden sich heraus und entwickeln eigene Regeln, Denkweisen, Zielsetzungen und Verhaltensweisen. Wenn diese in Widerspruch zu anderen Subsystemen treten, ist der Austauschprozess der Subsysteme gestört. Das übergeordnete Ziel des Unternehmens wird gefährdet.

CI soll ein inneres Leitbild schaffen, über das alle Mitarbeiter sich mit den Zielsetzungen des Gesamtunternehmens identifizieren. Ziel der CI als Prozess ist deshalb die Schaffung eines gemeinsamen Selbstverständnisses im Unternehmen. Dies soll als allgemeines Deutungsmuster von allen Mitarbeitern übernommen werden. CI bietet eine Orientierungsmöglichkeit und wirkt so integrierend. Damit wird die Basis für ein einheitliches Auftreten nach innen und außen geschaffen. Auf diese Weise entsteht ein Wir-Gefühl und damit die Möglichkeit, sich gegenüber der Umwelt zu profilieren.

Das System »Unternehmen« steht in ständigem Austausch mit seiner Umwelt, die wiederum aus unterschiedlichen Systemen und Teilsystemen besteht. Dieser Austausch besteht aus dynamischen Interaktionen, in denen das Unternehmen lernt, auf unterschiedliche Erwartungen und Ansprüche zu reagieren. Das Unternehmen muss auf unterschiedlichen Bezugsebenen spezifische Leistungen erbringen. Für seine Marktpartner z.B. muss es zuverlässiger Verhandlungspartner und attraktiver Geschäftspartner sein; in der Arbeitswelt geht es um Motivation und Integration der Mitarbeiter, um die Attraktivität als Arbeitgeber, die Gestaltung des Arbeitsplatzumfeldes.* Unternehmerische Funktionen von CI sind auf verschiedenen Ebenen angesiedelt. CI als Führungswerkzeug ist ein zentrales Element zur Weiterentwicklung der Organisation, der Mitarbeiter und der Geschäftsbeziehungen; sie steuert die Unternehmenskultur und sie begleitet den Auftritt des Unternehmens im Markt. CI als Erkenntnisprozess dient der Selbst- und Fremdwahrnehmung, der Selbst-Erkenntnis in Form der ständigen Selbstreflexion, der Selbst-Bestimmung, Gestaltung und Steuerung des unternehmerischen Leitbildes. CI ist ein Veränderungsprozess, der durch Erkenntnisse aus der Innen- und Fremdwahrnehmung gespeist wird und dann als interaktiver Prozess auf den verschiedenen betrieblichen Ebenen organisiert wird.

Die CI soll in den Augen der relevanten Bezugsgruppen ein genaues Abbild der angestrebten Identität entstehen lassen: das Corporate Image. Dieses eindeutige, konsistente und widerspruchsfreie Bild des Unternehmens ist die Basis, damit sich Glaubwürdigkeit, Sicherheit und Vertrauen entwickeln können. Corporate Identity ist also das Selbstbild des Unternehmens.

* CI bezieht sich also sowohl auf die unternehmensinterne Welt als auch auf die Umwelt. Die Identitäten in beiden Welten schließen sich zu einer zusammen: der Corporate Identity.

Corporate Image stellt das Fremdbild des Unternehmens dar. Corporate Image bezieht sich aber nicht nur auf die Außenwahrnehmung. Corporate Image meint auch das Bild der Arbeitnehmer von ihrem Unternehmen. Ein unverwechselbares Image gibt dem Unternehmen Profil, schafft Sympathie und Vertrauen. Damit wird das Verhältnis zu den Bezugsgruppen stabilisiert, die ihrerseits motiviert werden, die Ziele des Unternehmens zu unterstützen. [33]

CI basiert auf der Unternehmenskultur. Zur klaren Abgrenzung der beiden Begriffe eine Definition von Unternehmenskultur:

»Die Unternehmenskultur besteht aus der Gesamtheit von Normen, Wertvorstellungen, Denkhaltungen, Riten, Symbolen und Umgangsformen, welche die Verhaltensweisen der Mitarbeiter und somit das Erscheinungsbild einer Unternehmung prägen. Diese Verhaltensweisen haben sich im Unternehmen so gut eingebürgert, dass sie neuen Mitgliedern als die unternehmensspezifisch geeignetste Art des Denkens und Fühlens zur Lösung von Problemen vermittelt wurden und werden.«[34]

Jedes Unternehmen besitzt eine Unternehmenskultur. Es existieren Normen, Werte, Kooperationsformen, Verhaltens- und Kommunikationsstile. Vieles davon ist aber nicht manifest und schon gar nicht Bestandteil des unternehmerischen Selbstbildes. Corporate Culture im Sinne der CI meint, klare Vorgaben zu machen, welches Sozialverhalten erwünscht ist und welches nicht, welche Verhaltensstile vorherrschen sollen und welche abgelehnt werden. Corporate Culture lässt sich aber nicht verordnen, sondern muss in einem gemeinsamen, dauerhaften Prozess erlernt werden. Erfolgreich ist dieser Prozess nur, wenn klare Vorgaben und Orientierungshilfen existieren.

CI umfasst die bewusste Gestaltung der Innen- und Außenwirkung eines Unternehmens. Sie stellt die Positionierung des Unternehmens dar und muss mit Hilfe der geeigneten kommunikativen Werkzeuge kommuniziert werden. Die Gestaltung der CI beeinflusst die Unternehmenskultur und umgekehrt.

Der Unternehmenskultur entspringt das Leitbild des Unternehmens, das seinerseits auf die Kultur zurückwirkt. Ein Leitbild, vielfach auch Unternehmensphilosophie genannt, formuliert die angestrebte Identität des Unternehmens und bestimmt den Kurs. Seine Bestandteile sind Leitidee (Vision), die Leitsätze und das Motto. Die Leitidee formuliert den Sinn des Unternehmens, also den Nutzen für Kunden, Markt und Gesellschaft. Sie bewegt sich auf einer recht abstrakten und langfristigen Ebene. Die Leitsätze konkretisieren die Leitidee und erläutern, wie sie umgesetzt werden soll. Es sind Kernaussagen, die grundlegende Werte, Ziele und Erfolgskriterien festlegen. Sie sind allgemein gehalten, allen zugänglich und werden nach der Bekanntgabe in den einzelnen Bereichen und Ressorts in Handlungsrichtlinien konkretisiert. Das Motto bringt das Leitbild auf den Punkt und gibt wieder, was sich die Bezugsgruppen vom Unternehmen einprägen sollen.

Die Instrumente der CI werden aus den Inhalten der CI entwickelt und dem strategiegerechten Ziel-Image des Unternehmens entsprechend eingesetzt. Herbst formuliert sehr plakativ folgenden Zusammenhang:[35]

»Die Unternehmenskultur ist Basis für die Unternehmensidentität, die formuliert wird im Unternehmensleitbild, das besteht aus der Leitidee, den Leitsätzen und dem Motto, die Basis sind für Design, Kommunikation und Verhalten, die als Instrumente der Vermittlung der Firmenidentität zum Angleichen von Unternehmenskultur, Leitbild und Corporate Image führen soll.«

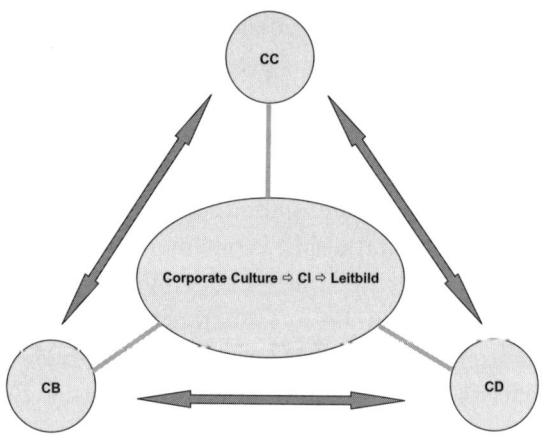

5.2: Unternehmenskultur als Ausgangspunkt

Das Corporate Design (CD) transportiert die Unternehmensidentität. Es ist das visuelle Konzentrat eines inhaltlichen Kon-
zeptes, eines formulierten Selbstverständnisses. CD bedeutet
nicht nur, ein unverwechselbares Logo zu besitzen. Es reicht
weiter, von den Gestaltungsrichtlinien für das visuelle Erscheinungsbild des Unternehmens über konsequent eingesetzte
Hausfarben und die Kleidung der Mitarbeiter bis hin zur Archi-
tektur der Gebäude und zur Inneneinrichtung.

Corporate Communications (CC) – der Plural ist bewusst gewählt. Gemeint sind alle Kommunikationsinstrumente und
-maßnahmen. CC verfolgen das Ziel, die Einstellungen gegenüber dem Unternehmen zu beeinflussen und zu verändern. Das
Unternehmen stellt sich und seine Leistungen dar, vermittelt
die Firmenidentität und erzeugt so ein positives Image. Das
strategisch aufgebaute Konzept muss aus dem Leitbild und den

Unternehmenszielen hergeleitet werden. Ziele, Botschaften und Maßnahmen müssen aufeinander abgestimmt und konsequent und einheitlich eingesetzt werden.

Worte und Taten müssen übereinstimmen. Es reicht nicht, das Selbstverständnis zu zeigen und zu kommunizieren. Es muss auch gelebt werden. Corporate Behaviour (CB) zeigt sich vor allem im Umgang der Mitarbeiter untereinander und im Verhalten zu den externen Bezugsgruppen. Es darf nie von den formulierten und vereinbarten Leitsätzen abweichen. CB steht für die Konsistenz zwischen Schein und Sein. Es ist nicht nur Instrument, sondern zeigt auch die Wirkung des Managements der CI-Gestaltung. Es ist ein guter Indikator dafür, ob eine Unternehmensidentität besteht.

CB bezieht sich nicht nur auf den Umgang miteinander, sondern auch auf das Verhalten des gesamten Unternehmens. Auf welchem Markt es wie auftritt, ob neue Geschäftsfelder bearbeitet werden, wird begrenzt oder ermöglicht vom definierten und gelebten CB.

Selbst wenn ein Unternehmen ein CI-Konzept besitzt, wird dieses Konzept dann einer Prüfung unterzogen, wenn es zu Veränderungen im Markt, innerhalb der Organisation, der Gesellschaft und in den staatlichen und rechtlichen Rahmenbedingungen kommt. Dann gilt es zu analysieren, ob Anpassungen notwendig sind. Hat ein Unternehmen noch keinen CI-Prozess durchlaufen und wird mit derartigen Veränderungen konfrontiert, ist es unumgänglich, ein CI-Konzept zu erarbeiten und umzusetzen.

Der CI-Prozess gliedert sich in vier Stufen:[36]

1. Bestimmung des Status quo des Unternehmens durch eine interne und externe Analyse
2. Darauf basierend Erarbeitung einer Soll-Definition (Unternehmensphilosophie)
3. Ableitung des Maßnahmenkatalogs zur Verwirklichung der Unternehmensidentität
4. Kontrolle der Wirkungen des CI-Konzeptes durch Ermittlung von Diskrepanzen zwischen Soll- und realisiertem Ist-Zustand

CI kann sich nicht auf Teilbereiche beschränken, sondern muss ganzheitlich wirken. Ihr Erfolg setzt systematische Planung voraus. Es genügt nicht, den CI-Prozess einmal zu durchlaufen und ihn dann für erfolgreich abgeschlossen zu erklären. Kontinuierliches Überprüfen der Konsistenz und Wirkung sowie flexible Reaktionen auf Veränderungen und eine langfristige Sichtweise sind notwendig, um das Potenzial einer einheitlichen Unternehmensidentität zur Wirkung zu bringen.

Ein CI-Prozess bedeutet eine große Herausforderung für das Unternehmen und die Lieferkette. Bevor man ihn in Gang setzt, sollte man sich darüber im klaren sein, dass dazu einige Voraussetzungen erfüllt werden müssen. Man muss offen sein für neue Fragen und Probleme. Man muss bereit sein zur Veränderung, bereit, die eigene Geschichte anzuerkennen, unternehmenspolitische Grundlagen zu erarbeiten und daran festzuhalten, bereit, das CI-Programm konsequent umzusetzen, die interne und externe Kommunikation zu intensivieren. Die Unternehmensspitze muss eine Leitbildfunktion übernehmen, ein professionelles CI-Projektmanagement implementieren und bereit sein, die Mitarbeiter am CI-Prozess zu beteiligen.

Das Management des CI-Prozesses wird entweder von einer eigens eingerichteten Stabsstelle oder einer unabhängigen Projektgruppe übernommen. In jedem Fall sollte ein eigenes Budget bereitgestellt werden. Schon an der Zusammenstellung der Projektgruppe sollte ein externer Berater beteiligt werden. Er übernimmt die wichtige Rolle des Moderators, unterstützt Klärungsprozesse, treibt den Prozess voran, wenn er ins Stocken gerät. Und: Er bringt Erfahrung und eine unternehmensunabhängige Sichtweise mit ein.

Es ist schwierig, über die Dauer des CI-Prozesses eine Aussage zu treffen. Sie hängt von vielen Faktoren ab. Die Größe des Unternehmens spielt eine Rolle. Je größere Bedeutung die Unternehmensleitung dem Prozess einräumt, je stärker die Bereitschaft zur Veränderung ausgeprägt ist, desto zügiger schreitet er voran. Voraussetzung ist in jedem Fall ein geordnetes systematisches Vorgehen. Es muss ein Schritt nach dem anderen erfolgen. Ad-hoc-Aktionen machen keinen Sinn und laufen dem CI-Prozess entgegen.

Der CI-Prozess ist ein aufwändiger Prozess, aber er lohnt sich. Gerade in einer Phase der Veränderungen, in der die Anforderungen steigen, ist es notwendig, dass alle Beteiligten ein klares Bild des Unternehmens sowie der Lieferkette und von ihrer zukünftigen Ausrichtung bekommen. Erst dadurch entsteht ein Klima von Vertrauen und Glaubwürdigkeit. Nur dann sind Mitarbeiter motiviert und können ihr volles Potenzial entfalten. Nur dann vermitteln das Unternehmen und die Lieferkette nach innen und außen ein geschlossenes, konsistentes und überzeugendes Bild. Und, was am Wichtigsten ist: Durch den CI-Prozess erlangen Einzelunternehmen und Lieferkette die Steuerung über sämtliche Kommunikationsprozesse, haben also uneingeschränkten Einfluss auf ihr Wirken.

4. Warum Kaugummi uns hilft, den Blick zu schärfen – statt einer Zusammenfassung

In Marketingkreisen erzählt man gerne eine Geschichte von Philipp Wrigley, in der er sich auf sehr prägnante Weise zum Thema Werbung äußert: Während einer Flugreise wird der amerikanische Kaugummi-König von einem begleitenden Journalisten gefragt: »Sagen Sie, Herr Wrigley, warum stellen Sie eigentlich Ihre aufwändige Werbung nicht ein? Alle Welt kauft doch bereits Ihre Kaugummis, und Sie könnten mit einem einzigen Schlag ein Vermögen einsparen!« Darauf antwortet Philipp Wrigley: »Wir haben schon seit geraumer Zeit unsere Flughöhe von 6000 Metern erreicht. Schlagen Sie wirklich vor, dass ich jetzt ins Cockpit gehe und den Piloten anweise, die Motoren abzuschalten, um Treibstoff zu sparen?«

Es ist einfacher, Erfolg zu stabilisieren und auszubauen, als ihn, nimmt er ab, wieder aufzubauen. Kontinuität und langfristige Planung gelten nicht nur für die Werbung, sondern für jeden Bereich der Unternehmenskommunikation. Es bedeutet einen eindeutigen Wettbewerbsvorteil, über eine konsistente CI, klare Botschaften und einen hohen Bekanntheitsgrad am Markt zu verfügen. Funktioniert die Unternehmenskommunikation, spielen alle Bereiche abgestimmt zusammen, können sie auch flexibel auf Veränderungen reagieren, die Kommunikation anpassen und damit zum Erfolg beitragen.

Das vierte Kapitel hat sich mit der Organisation von Lieferketten beschäftigt. Für die Bildung einer Lieferkette ist von großer Bedeutung, dass die Unternehmensphilosophien der Partner kompatibel sind. Das setzt voraus, dass das Unternehmen, das sich für eine Lieferkette bewirbt, ein klares Leitbild besitzt. Dabei können wir es aber nicht bewenden lassen. Es reicht nicht aus, dass jedes Mitglied der Lieferkette effiziente und effektive Unternehmenskommunikation betreibt. Die Unternehmen müssen dies auch gemeinsam tun.

Es ist erstaunlich, dass sich bei vielen Fusionen die erhofften Vorteile wie Synergien, höhere Effizienz, bessere Wettbewerbsfähigkeit nicht einstellen. »Eine Vielzahl von Studien belegt, dass die meisten Fusionen keinen zusätzlichen Shareholder Value schaffen. (…) Eine branchenübergreifende Analyse von 300 großen Fusionen ergab, dass der Unternehmenswert bei 57 Prozent der zusammengeschlossenen Unternehmen nach drei Jahren die Branchenperformance unterschritt.«[37] Häufig unterschätzt man die Divergenzen in den Unternehmenskulturen der fusionierenden Unternehmen sowie die Schwierigkeiten des Integrationsprozesses.

Im Rahmen der Prozesse der KOSTOR-Strategie muss daher die Kommunikation unbedingt berücksichtigt werden. Es gilt, klare Abläufe zu definieren, Aufgaben, Kompetenzen, Verantwortung festzulegen, die Kommunikationsstrategie abzustimmen. Denn sonst besteht die Gefahr, dass aufgrund der hohen Komplexität Reibungsverluste entstehen.

Das fünfte Kapitel sollte die Mechanismen, die Strukturen und erforderlichen Maßnahmen für eine erfolgreiche Unternehmenskommunikation aufzeigen. Alles Gesagte lässt sich sowohl auf das Einzelunternehmen als auch auf eine Lieferkette anwenden. Die Integration der Kommunikation der Partner stellt die Supply Chain vor eine große Herausforderung. Es handelt sich aber um einen notwendigen Prozess. Mit einer Lieferkette entsteht ein neues Gebilde, ein Konglomerat von Unternehmen. Sie müssen professionell kommunizieren, mit einer Stimme sprechen; denn schließlich werden sie im Wettbewerb der Lieferketten gemeinsam antreten. Dann müssen sie sich durchsetzen, müssen den Kunden überzeugen. Das stellt hohe Anforderungen sowohl an die Unternehmenskommunikation eines jeden beteiligten Unternehmens als auch an die Gesamtkommunikation der Lieferkette. Eine solche integrierte Lieferkettenkommunikation (als Äquivalent zur integrierten Unternehmenskommunikation) wird nur erfolgreich sein können, wenn alle Partner ihre Unternehmenskommunikation auf einem vergleichbar hohen Niveau professionell und strategisch betreiben. Die Konturen der Lieferkette, ihr Bild als Gruppenbild der Partner, lässt sich nur schärfen, wenn auch das Bild der einzelnen Unternehmen Profil zeigt.

Die KOSTOR-Strategie hat eines klar gemacht: es genügt nicht, Integration auf der Ebene der Kommunikation zu leisten. Alles Denken und Handeln, Produktentwicklung, Public Relations, Qualität und Marktausrichtung müssen zusammenpassen. Denn alles ist mit allem verbunden, jede Aktion in einem Teilbereich hat Auswirkungen auf andere Teilbereiche. Das Bild eines Unternehmens und einer Lieferkette muss konsistent sein – nicht nur das sichtbare Bild im Sinne von Corporate Design, sondern auch das Bild, das sich aus den Marktstrategien ergibt.

Epilog | Der Kreis schliesst sich

> »Viele Worte zu machen, um wenige Gedanken
> mitzuteilen, ist überall das untrügliche Zeichen von
> Mittelmäßigkeit.«
>
> Arthur Schopenhauer

Abschließende Zusammenfassung

München, im Oktober 2001

Vor vier Monaten haben wir die vielen offenen Fragen zu den Veränderungen in der Automobilindustrie in den Mittelpunkt unseres Denkens und Tuns gestellt und die Reise zu diesem Buch angetreten. Auf dieser Reise verfolgten wir täglich das Geschehen am Markt. Es begleiteten uns einschneidende Entwicklungen im Automotive-Umfeld, die fast täglich in den Medien thematisiert wurden. Sie betrafen Automobilhersteller und Zulieferer gleichermaßen, deutsche und ausländische Unternehmen sowie die vielfältigen Ursachen für die aktuellen Probleme und Aufgaben und die Reaktionen darauf.

Die *Financial Times* titelte »Volkswagen läutet das Ende der eigenständigen Marke Audi ein« (27.6.2001). Berichtet wurde von der offenbar geplanten Umstrukturierung des Konzerns in die drei Segmente Volumenautos, Premiumautos und Nutzfahrzeuge.

Eine Reorganisation kündigte auch GM an. Der harte Konkurrenzkampf und der ungünstige Produkt- und Ländermix setze GM in Europa besonders zu. (*Financial Times Deutschland*, 18.7.01) Über das Opel-Sanierungsprogramm Olympia

193

wurde mehrfach ausführlich berichtet (z.B. *Financial Times Deutschland*, 7.8.01). Das Problem sei, dass General Motors in Europa Produktionsüberkapazitäten besitze. Wohin das führen könne, brachte Professor Ferdinand Dudenhöffer vom Gelsenkirchener Center of Automotive Research (Fachhochschule) in dem Artikel auf den Punkt: »Seit Jahren verdient GM mit Opel kein Geld mehr. Wenn das so weitergeht, droht Opel die Rover-Lösung.«

Zu den laufenden Konzentrationsbewegungen gab eine Studie der Hypo-Vereinsbank und der Beratungsgesellschaft Mercer eine klare Prognose (*Handelsblatt*, 21.8.01): Es werde zu einem harten Verdrängungswettbewerb kommen, nach dem von den heute 15 größten Fahrzeugherstellern nur noch sechs bis zehn übrig blieben. Noch dramatischer werde es die Zulieferindustrie treffen. Hier sagen die Experten das Aus von 2000 der 5500 Unternehmen voraus.

Der Markt fordert Innovationen. Das Auto der Zukunft werde anders sein als das der Gegenwart, schrieb die *Financial Times Deutschland* am 20.8.01. Umweltschutz und Marktorientierung treiben den Innovationsmotor gleichermaßen an.

»Seat-Absatz in Deutschland bricht ein« – so überschrieb das *Handelsblatt* am 5.9.01 einen Beitrag. Zitiert wurde darin Deutschland-Geschäftsführer Peter Maiwald, der sagte, 2002 werde ein sehr hartes Jahr.

Ford wies sechs Wochen später für das dritte Quartal einen hohen Verlust aus (*Handelsblatt*, 17.10.01). Damit erwirtschaftete Ford erstmals seit 1992 in zwei aufeinander folgenden Quartalen Verluste.

Am gleichen Tag berichtete das *Handelsblatt* über die aktuellen Zahlen bei den Neuzulassungen: »Automarkt schrumpft weiter«.

Das Essener Marktforschungsinstitut Marketing Systems veröffentlichte im September eine Studie, die den Kampf der

Konzerne um Marktanteile mit immer größerer Modellvielfalt und immer mehr Nischenprodukten beleuchtete. Im vergangenen Jahr konnten die Autokäufer unter 50 Automarken und 260 Modellen wählen. Mitte der 80er Jahre waren es noch 35 Marken und weniger als 180 Modelle. Die Markenvielfalt habe den Wettbewerbsdruck auf dem Automarkt erhöht und sei auf die Rentabilität der Konzerne durchgeschlagen. (*Financial Times Deutschland*, 7.9.01)

Auf dem Markt für Luxusautos droht in den nächsten Jahren ein weltweites Überangebot. Das fand das Institut für Automobilwirtschaft an der Fachhochschule Nürtingen heraus. »Der Markt wird für alle erheblich enger«, sagte der wissenschaftliche Leiter der Studie, Willi Diez. Das werde den Druck auf Preise und Erträge erhöhen (*Financial Times Deutschland*, 29.8.01).

Headlines und Ausschnitte, die beispielhaft sind für die intensiven Diskussionen und dynamischen Veränderungen in der Branche. Wir prüften die Meldungen – vielleicht waren da ja noch Aspekte, die wir berücksichtigen müssten – und stellten immer wieder aufs Neue fest: Die ursprünglichen Fragen aus unseren Seminaren und Symposien deckten die aktuellen Themenkomplexe ausnahmslos ab.

Wir sind uns sicher: Im Detail werden sich die Themen in der öffentlichen Diskussion ändern. Die Mechanismen, die dahinter liegen, aber werden bleiben und noch eine lange Zeit das Geschehen am Markt bestimmen. Es haben Prozesse in der Branche eingesetzt, die uns noch eine Weile beschäftigen werden.

Als wir begannen, Fragen zu sammeln, zu gruppieren, inhaltlich zu gewichten und zu fünf Themenkomplexen zusammenzufassen, stellten wir bald fest: Die größte Herausforderung unseres Projektes würde darin bestehen, uns auf die wesentlichen Antworten zu konzentrieren. Es gibt eine Vielzahl richtiger Methoden und guter Werkzeuge des modernen Managements. Wir haben jene dargestellt, die wir im Rahmen der aktuellen und künftigen Veränderungen in der Automotive Supply Chain für die wirksamsten halten. Es war aber von Anfang an unsere Intention und unser Anspruch, ein Buch zu schreiben, das nicht nur das Management der Automobilindustrie, sondern auch Führungskräfte in anderen Branchen unterstützt. Mit der Verknüpfung von Branchenwissen und systemorientiertem Managementwissen konzipierten wir *Gewinner von morgen handeln heute* für eine möglichst breite Zielgruppe.

Unser Mind Map auf der folgenden Doppelseite soll Ihnen helfen, Schritt für Schritt unsere Ausführungen noch einmal nachzuvollziehen. Wir haben die fünf Hauptäste (Kapitel) um jene Verzweigungen ergänzt und mit den Schlüsselbegriffen belegt, die wir selbst für die wesentlichen halten. Diese Visualisierung unserer Inhalte kann außerdem Erinnerungshilfe und Ideengeber für Ihr eigenes Tun sein.

In Kapitel 1 haben wir mit einer komprimierten Standortbestimmung begonnen. Ausgehend von bekannten Strukturveränderungen in gesättigten Märkten führten wir die Gründe für die dynamischen Veränderungen im Automotive-Umfeld auf.

»Innovationskompetenz ist der entscheidende Wettbewerbsfaktor der Zukunft.« Das war die zentrale Aussage des zweiten Kapitels. Wir konzentrierten uns auf Innovationsmanagement und korrigierten weit verbreitete Irrmeinungen zum Thema. Um uns von den theoretischen Modellen der aktuellen Managementliteratur abzuheben, berichteten wir über die Erfolgsstory von VENTREX und die Strategieentwicklung von I&T.

Um attraktiver zu werden und die Voraussetzungen für einen Platz in der Lieferkette zu erfüllen, muss ein Unternehmen nicht nur künftige, sondern vor allem heutige Erfolgspotenziale nutzen. Wie ist dabei vorzugehen? Die Antwort haben wir im ersten Teil des dritten Kapitels geliefert. Der Kundennutzen ist der entscheidende Erfolgsfaktor bei der Ausrichtung des Unternehmens hin zur Supply Chain. Das verdeutlichte die Fallstudie »KE-Partner – Relative Qualität/Relativer Preis«. Nach dem Grundsatz »Structure Follows Strategy« erörterten wir die Organisationsentwicklung in unserer Multiprojektlandschaft und stellten das Funktionendiagramm als leistungsfähiges Werkzeug zur Schnittstellenbeherrschung vor. Im zweiten Kapitel hatten wir das Thema »Projektmanagement« bereits aus strategischer Sicht beleuchtet. Mit dem Fall »Entwicklung eines Konzeptfahrzeugs« vertieften wir unsere Ausführungen für die operative Umsetzung. Alle Instrumente zur erfolgreichen Führung von Unternehmen, die wir vorgestellt haben, gelten sowohl für das Einzelunternehmen als auch für vernetzte Organisationen wie die Automotive Supply Chain. Deshalb befassten wir uns ausgangs des dritten Kapitels mit Konzeption, Gestaltung und Lenkung einer Lieferkette.

Die KOSTOR-Strategie, die wir in Kapitel vier entwickelt haben, führt alle Gedanken und Werkzeuge der vorangegangen Seiten zusammen. Der Weg vom erfolgreichen Einzelunternehmen zum attraktiven Partner und integralen Bestandteil einer Supply Chain führt nur über die in den Kapiteln eins bis drei beschriebenen strategischen und funktionalen Fähigkeiten. Nur, wer diese beherrscht, kann die nächsten Schritte gehen, die drei Schritte der KOSTOR-Strategie: Komplexitätsreduktion, die Entwicklung der Supply Chain-Strategie und die Organisation des Teams.

Im fünften Kapitel setzten wir uns mit dem Thema Unternehmenskommunikation auseinander. Sie ist ein bedeutender Faktor sowohl für die Etablierung des Einzelunternehmens in den Lieferketten der Zukunft als auch für die Positionierung und den Erfolg der gesamten, neu gebildeten Lieferkette. Dabei plädierten wir für die Integration aller Kommunikationsfunktionen und -maßnahmen.

Supply Chain-Bildung

Structure
follows   Organi-   manage-   Funktionen-
strategy   sation   ment   diagramm

Projekt-
manage-
ment

Gestaltung

Konzipierung

Benchmarking

Benchma

Kap. 3:
Vernetzte Organisationen

C

har

Vorwort von Prof. D

Relative Qualität /
Relativer Preis

Heutige Ertrags-
potenziale

Künftige

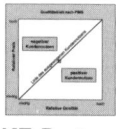

Kap. 2: Innovationskompetenz –
entscheidender Wettbewerbsfaktor

KE-Partner
(Value Map / Attribute Chart)

Theoretische
Modelle

Die Automo
eine Stan

Irrmeinungen

Erfolgsstory
VENTREX

Reife Branchen –
gesättigte
Märkte

Innovations-
führer I&T

Lessons
Learnt

Modelle / Varianten
Ressourcen / Projekt

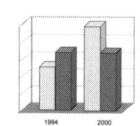

Aufgab
an die L

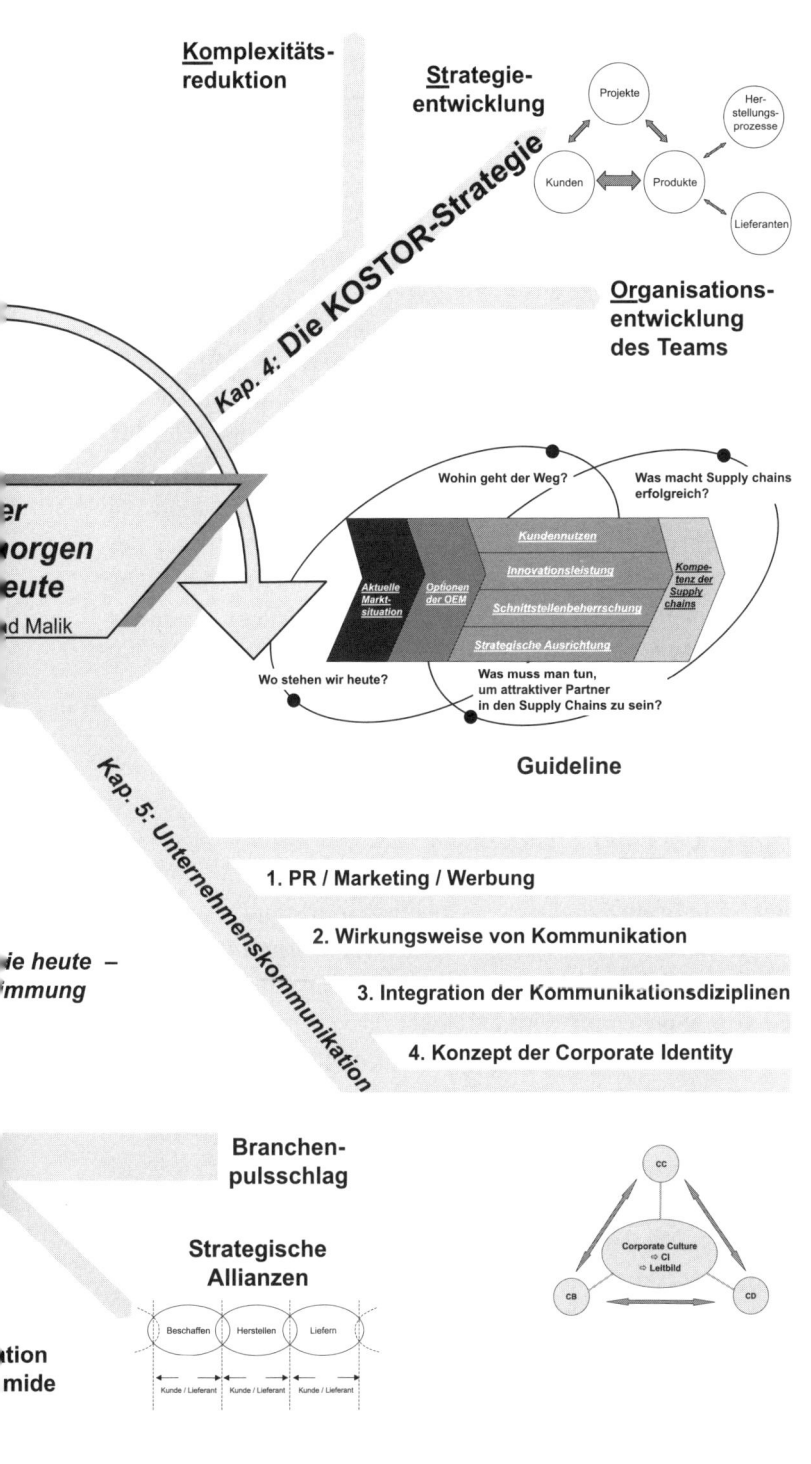

Komplexitäts-reduktion

Strategie-entwicklung

Projekte

Her-stellungs-prozesse

Kunden   Produkte

Lieferanten

Kap. 4: Die KOSTOR-Strategie

Organisations-entwicklung des Teams

er

orgen

eute

d Malik

Wohin geht der Weg?

Was macht Supply chains erfolgreich?

Kundennutzen

Innovationsleistung

Kompe-tenz der Supply chains

Aktuelle Markt-situation

Optionen der OEM

Schnittstellenbeherrschung

Strategische Ausrichtung

Wo stehen wir heute?

Was muss man tun, um attraktiver Partner in den Supply Chains zu sein?

Guideline

Kap. 5: Unternehmenskommunikation

1. PR / Marketing / Werbung

2. Wirkungsweise von Kommunikation

3. Integration der Kommunikationsdisziplinen

4. Konzept der Corporate Identity

ie heute –
mmung

Branchen-pulsschlag

CC

Corporate Culture
⇨ CI
⇨ Leitbild

CB   CD

Strategische Allianzen

Beschaffen   Herstellen   Liefern

tion
mide

Kunde / Lieferant   Kunde / Lieferant   Kunde / Lieferant

Automotive Supply Chain – ein Paradigma mit Allgemeingültigkeit?

Wir haben es bereits im Prolog deutlich gemacht: Die Inhalte des Buches sehen wir als Konzentrat einer erfolgsorientierten Vorgehensweise in gesättigten Märkten, die auch in anderen Branchen ihre Gültigkeit behält. Der typische Verlauf der Reifephase in industriellen Strukturen war unser Ausgangspunkt. Wir wollten das Erfahrungswissen aus anderen Branchen nutzen, um typische Beobachtungsgrößen auf die Automobilindustrie zu übertragen. Unser Fokus lag eingangs auf gutem und richtigem Management in der Automotive Supply Chain, um die Mechanismen reifer Branchen anhand des konkreten Beispiels transparent zu machen. Schritt für Schritt, Kapitel für Kapitel haben wir dann aber versucht, mehr Allgemeingültigkeit in unseren Ausführungen zu entwickeln. Der modulare Aufbau unseres Buches, im Mind Map klar erkennbar, erlaubte uns dieses Vorgehen. Unsere KOSTOR-Strategie, letztendlich die Quintessenz unserer Inhalte, soll und kann auch als Orientierung zur strategischen Teambildung in anderen Branchen dienen. Ein weiterer Kreis schließt sich: vom Erfahrungswissen aus anderen reifen Branchen zur strategischen Teambildung für andere reife Branchen. Der Weg zu einer robusten Lieferkettenstrategie unter Berücksichtigung des strategischen und organisatorischen Entwicklungsprozesses des Einzelunternehmens muss von allen Unternehmen bewältigt werden, die Teil eines Teams darstellen – unabhängig von ihrer Branchenzugehörigkeit.

Um die branchenübergreifende Relevanz unseres Ansatzes nun zu verdeutlichen, machen wir im folgenden die Probe aufs Exempel und skizzieren anhand eines Interviews die Situation der Handy-Branche. Dabei haben wir mehrere Gespräche, die wir mit Experten geführt haben, zusammengefasst.

1. Wie schätzen Sie die aktuelle Situation auf dem Markt für Mobiltelefone ein?

Generell handelt es sich bei dem Markt für Mobiltelefone um einen Wachstumsmarkt trotz der gegenwärtigen Konjunktur. In Europa beträgt der Sättigungsgrad in etwa 70 Prozent. In Skandinavien, insbesondere in Finnland, liegen wir etwas darüber, ebenso in Italien, im übrigen Europa leicht darunter. Die USA nehmen eine gewisse Sonderstellung ein. Es gibt dort bisher keine besonders ausgeprägte Standardisierung der Netzwerkbetreiber. Handys sind weniger populär. Und aus diesen Gründen ist die Marktdurchdringung für ein High-Tech-Land mit etwa 40 Prozent vergleichsweise gering.

2. Wie würden Sie die aktuelle Wettbewerbssituation beschreiben?

Im Bereich der Endgeräte gibt es etwa ein Dutzend Key-Player. Dazu zählen Ericsson, Motorola, Nokia, Panasonic, Samsung und Siemens. Ihr Fokus liegt auf dem Produktmanagement, also auf Marketing, Vertrieb und Entwicklung. Die Produktion wird zum Teil fremdvergeben, interessanterweise lassen unterschiedliche Key-Player teils bei denselben Lieferanten produzieren.

Die Entwicklungsaktivitäten sind sehr kapazitätsintensiv, und dazu fehlt vielen Unternehmen qualifiziertes Personal. Sie lösen dieses Problem, indem sie Partnerschaften eingehen und gelegentlich auch Mitbewerber übernehmen.

3. Wie sehen Sie den Markt für Mobiltelefone in zehn Jahren?

Der ohnehin schon harte Wettbewerb wird sich zunehmend verschärfen. Das liegt vor allem an höheren Aufwendungen für die Entwicklung und die Markteinführung. Es wird verstärkt zu Konzentrationsbewegungen kommen. Die wenigen verbleibenden Key-Player werden 90 Prozent des Marktes bedienen. Die restlichen zehn Prozent teilen sich Nischenanbieter, die individuelle Sonderprojekte entwickeln und in den Markt einführen.

4. Versuchen die Endgerätehersteller Marktanteilsgewinne eher durch Kostensenkungsstrategien oder durch zusätzliche Kaufanreize zu realisieren?

In erster Priorität versuchen sie, durch zusätzliche Produktmerkmale Mehrwert zu schaffen, also hochpreisigere Handys zu platzieren. Natürlich spielen auch Kostensenkungsstrategien eine Rolle, die beispielsweise durch Produktivitätssteigerungen in strategischen Allianzen realisiert werden können. Was die Mehrwertstrategien anbelangt, kann die Automobilindustrie durchaus als Benchmark herangezogen werden.

5. Welche signifikanten Unterschiede und Parallelen zur Automobilbranche lassen sich aus Ihrer Sicht noch finden?

Im Gegensatz zur Automobilindustrie brauchen wir in der Telekommunikation zwei Partner, die auf gleiche Standards zurückgreifen, um telefonieren zu können. Darüber hinaus agieren in der Telekommunikation mehrere Fakultäten – Netzwerkbetreiber, Service Provider, Endgerätehersteller –, die unterschiedlichste Interessen verfolgen, aber dennoch verzahnt zusammenarbeiten müssen.

Wie in der Automobilindustrie sind in der Telekommunikation Plattformstrategien von Bedeutung. Sie betreffen zum Beispiel Stromversorgung, Displays, Software und Chips. Bereits heute werden verschiedene Standards auf einer Plattform realisiert. Eine zweite klare Parallele ist die Konzentration auf weniger Lieferanten.

6. Welche Mehrwertstrategien verfolgen Sie aktuell und in Zukunft?

Mit Wireless Access Protocol, unter der Abkürzung WAP bekannt, lässt sich bereits heute die Schriftgröße im Display dem Inhalt anpassen. Man kann Dialoge führen, zum Beispiel Kinokarten bestellen, aber auch via SIM-Karte elektronisch bezahlen. Eine klare Tendenz ist vor allem die Umsetzung einer schnelleren Datenübertragung durch GPRS (General Packet Radio Service), um das Handy noch anwendungsfreundlicher zu machen. In Zukunft bietet das UMTS-Netz noch höhere Datenübertragungsmöglichkeiten und somit die Fähigkeit, Bilder in vernünftiger Qualität darzustellen.

7. Welche wesentlichen Merkmale kennzeichnen die Marktführer Ihrer Branche?

Die treibende Kraft ist vor allem marktorientierte Innovationskompetenz. Damit sind nicht idealistische Alleingänge gemeint, sondern kundenorientiertes Innovationsmanagement.

Bedeutend ist auch ein hohes Maß an Softwarekompetenz, da der Softwareanteil zunimmt. Die Entwicklung von Software in Partnerschaften erfordert ein professionelles Projektmanagement im Rahmen der Aufgabendelegation an die verschiedenen Sublieferanten.

8. Wie beurteilen Sie die Auslagerung von Entwicklungsaktivitäten und Produktionsverlagerungen?

Früher war es Vorschrift, für jedes Bauteil mindestens zwei Lieferanten zu nominieren (second sources). Verkürzte Entwicklungs- und Produktlebenszyklen – seit 1990 auf etwa die Hälfte der Zeit – sowie fehlende Ressourcen machen eine strategische Bindung notwendig. Gutes Beispiel dafür sind die Chip-Lieferanten. Eine verkürzte Lebensdauer gibt aber auf der anderen Seite auch die Möglichkeit, den Lieferanten schneller zu wechseln. Grundsätzlich existiert die Erwartungshaltung, dass Zulieferer mehr Leistung erbringen und mehr Verantwortung übernehmen, auch um das Risiko der Hersteller zu reduzieren. Das birgt natürlich auch Risiken in sich: Gerät beispielsweise ein Partner in Probleme, der für die Entwicklung und Produktion von Chips ausgewählt wurde, so ist die Umstellung auf einen neuen Lieferanten mit enormen Aufwand verbunden.

9. Welche Bedeutung hat für Sie das Thema Marketing im Vergleich zur Entwicklung?

Marketing hat eine relativ große Bedeutung. Das zeigt sich in den Budgets. Das Budget von Marketing macht über sechs Prozent vom Umsatz aus. Für die Entwicklung werden zehn Prozent vom Umsatz bereitgestellt. Das Marketing des Endgeräteherstellers hat zunehmend an Bedeutung gewonnen, seitdem sich die Marketingaktivitäten der Netzbetreiber reduziert haben.

Diese Aussagen zeigen aus unserer Sicht: Gesättigte Märkte in unterschiedlichen Branchen stellen die Unternehmen vor dieselben Herausforderungen. Es sind dieselben Managementmethoden und -werkzeuge, die den Weg in die Zukunft ebnen. Die Zulieferkette der Automobilindustrie, in der wir viele Jahre fundierte Praxiserfahrung sammeln konnten, nimmt aber sicherlich eine Vorreiterrolle ein, schon aufgrund ihrer industriellen Bedeutung. Sie zeigt mit großer Dynamik, wie der Weg zu einem effektiven und effizienten Supply Chain-Management aussieht.

Am Ziel?!

Unsere Reise ist zu Ende. Wir haben sie mit vielen offenen Fragen begonnen und Station für Station Antworten gegeben. Antworten, die sich ganz bewusst auf das Wesentliche beschränkten. Es war eine Reise entlang von Verknüpfungen, wobei das Ganze immer mehr war als die Summe seiner Teile. Wir haben Branchenwissen und die systemorientierte Lehre des St. Galler Management Modells zusammengeführt, theoretische Modelle und Praxisbeispiele, strategische Aspekte und operative Gestaltung. Die Automobilindustrie stand für uns als Paradigma für gesättigte Märkte. Und so haben wir Verbindungen geschaffen zwischen den Vorgehensweisen in der Automotive Supply Chain und dem Handeln in anderen Sektoren und Wirtschaftsbereichen. *Verknüpfte Strukturen zu beherrschen, vernetzt zu denken, um wirksam zu handeln,* das ist die Hauptherausforderung an das Management heute und in Zukunft. Zwei Autoren, zwei Sichtweisen, Management-Approach, PR-Wissen und journalistische Umsetzung haben ein Ganzes geschaffen, das einen effektiven und effizienten Weg beschreibt, dieser Herausforderung zu begegnen. Wenn Sie wollen, beginnt jetzt *Ihre* eigentliche Reise. Den Reiseführer haben Sie gelesen, gedanklich sind Sie den Weg Station für Station bereits gegangen. »Sobald ihr handeln wollt, müsst ihr die Tür zum Zweifel verschließen«, hat Friedrich Nietzsche gesagt. Schließen Sie die Tür zur Vergangenheit, schärfen Sie den Blick für das Ziel, für Ihre Zukunft und setzen Sie Ihren Fokus ohne Wenn und Aber auf effektives und effizientes *Tun in der Gegenwart.* Denn Gewinner von morgen handeln heute!

Literaturverzeichnis

Beer, Stafford: *Brain of the Firm.* New York: John Wiley & Son Ltd., 1981
– ders.: *The Heart of Enterprise.* London: John Wiley & Son Ltd., 1979
Bentele, Günter: »PR-Historiographie und funktional-integrative Schichtung. Ein neuer Ansatz zur PR-Geschichtsschreibung«. In: Peter Szyska (Hrsg.): *Auf der Suche nach einer Identität. PR-Geschichte als Theoriebaustein.* Berlin: Vistas, 1997
– ders.: »Grundlagen der Public Relations. Positionsbestimmung und einige Thesen«. In: Donsbach, Wolfgang (Hrsg.): *Public Relations in Theorie und Praxis. Grundlagen und Arbeitsweise der Öffentlichkeitsarbeit in verschiedenen Funktionen.* München: R. Fischer, 1997
– ders.: »PR und andere Typen öffentlicher Kommunikation: Abgrenzungen«. In: *Berufsfeld Public Relations.* Berlin: PR Kolleg, 1998
Bickmann, Roland: *Chance: Identität.* Berlin, Heidelberg: Springer-Verlag, 1999
Bruhn, Manfred/Schmidt, Siegfried J./Tropp, Jörg (Hrsg.): *Integrierte Kommunikation in Theorie und Praxis.* Wiesbaden: Gabler-Verlag, 2000
Buzze, Robert/Gale, Bradley: *Das PIMS-Programm, Strategien und Unternehmenserfolg.* Wiesbaden: Gabler-Verlag, 1989

Drucker, Peter F.: *Managing in a time of great change*, First Printing. Dutton, New York: Truman Tally Books, 1995
– ders.: *Sinnvoll wirtschaften*. Düsseldorf/München: ECON, 1997
Galtung, Johan/Ruge, Mari H.: »The Structure of Foreign News«. In: *Journal of Peace Research 2*, 1965
Goeudevert, Daniel: *Wie ein Vogel im Aquarium*. Berlin: Rowohlt, 1996
Habermas, Jürgen: *Theorie des kommunikativen Handelns*. Frankfurt am Main: Suhrkamp, 1997
Herbst, Dieter: *Public Relations*. Berlin: Cornelsen Verlag, 1997
– ders.: »Corporate Identity«. In: Rita Stark (Hrsg.): *PR-Anwendungsbereiche*. Berlin: PR Kolleg, 1999
Iacocca, Lee/Novak, William: *Iacocca – eine amerikanische Karriere*. Düsseldorf/Wien: Econ, 1985
Keller, Ingrid: »Braucht Ihr Unternehmen CI?« In: *Planung und Analyse*, Heft 9, 1984
Knödler-Bunte, Eberhard: *Öffentlichkeit und Gesellschaft*. Berlin: PR Kolleg, 1998
Lewin, Kurt: *Field Theory in Social Science. Selected Theoretical Papers*. New York, 1951
Luhmann, Niklas: *Soziale Systeme – Grundriss einer allgemeinen Theorie*. Frankfurt am Main: Suhrkamp, 1984
Merten, Klaus (Hrsg.)/Zimmermann, Rainer: *Das Handbuch der Unternehmenskommunikation 2000/2001*. Köln: Deutscher Wirtschaftsdienst Neuwied, Kriftel: Luchterhand, 2001
Malik, Fredmund: *Strategie des Managements komplexer Systeme*. 6. Auflage. Bern/Stuttgart: Paul Haupt, 1984
– ders.: *Management – Perspektiven*. Bern/Stuttgart: Paul Haupt, 1993
– ders.: *Wirksame Unternehmensaufsicht*. Frankfurt: FAZ-Verlag, 1997

– ders.: *Führen – Leisten – Leben.* 7. Auflage. München/Stuttgart: DVA, 2000

Merten, Klaus (Hrsg.)/Zimmermann, Rainer: *Das Handbuch der Unternehmenskommunikation.* Köln: Deutscher Wirtschaftsdienst Neuwied, Kriftel: Luchterhand, 1998

M.o.M. – Management Letters »Malik on Management«, Hrsg.: M.o.M. Malik on Management AG, St. Gallen

Porsche, Ferdinand/Bentley, John: *Porsche – ein Traum wird Wirklichkeit.* Düsseldorf/Wien: Econ, 1980

Roediger, Wolfgang: *Hundert Jahre Automobil,* 3. Auflage. Leipzig/Berlin: Urania-Verlag, 1990

Simon, Hermann: »Kollision der Kulturen«. In: *manager magazin* Nr. 6, 1999

Womack, James P./Jones, Daniel T./Roos, Daniel: *Die zweite Revolution in der Automobilindustrie.* München: Heyne, 1997

– dies.: *Lean Thinking.* New York: Simon & Schuster, 1996

Anmerkungen

1 Mündliche Mitteilung von Fredmund Malik im Rahmen eines persönlichen Gesprächs.
2 vgl. James P. Womack/Daniel T. Jones/Daniel Roos: *Die zweite Revolution in der Automobilindustrie.* München: Heyne, 1997
3 Fredmund Malik: MZSG-Seminar, August 2000
4 Mündliche Mitteilung von Fredmund Malik im Rahmen eines persönlichen Gesprächs.
5 Fredmund Malik: *M.o.M.-Letter,* Ausg. 3-5, 1996
6 s.o.
7 s.o.
8 s.o.
9 Fredmund Malik: *M.o.M.-Letter,* Ausg. 3-5, 1996
10 Fredmund Malik: *M.o.M.-Letter,* Ausg. 3-5, 1996
11 Fredmund Malik: MZSG-Seminar, August 2000
12 Fredmund Malik: *Malik on Management,* Videoserie, Management Zentrum St. Gallen, Modul 2: Grundsätze wirksamer Führung
13 Fredmund Malik: MZSG-Seminar, August 2000
14 ifb, Institut für Betriebswirtschaft an der Hochschule St. Gallen
15 Fredmund Malik: *Wirksames Management für eine neue Zeit,* Innerbetriebliches Seminar, München, 5. Juni 2001
16 Fredmund Malik: *Wirksames Management für eine neue Zeit,* Innerbetriebliches Seminar, München, 5. Juni 2001

211

17 Mündliche Mitteilung von Fredmund Malik im Rahmen eines persönlichen Gesprächs.

18 Fredmund Malik: MZSG-Seminar, August 2000

19 Fredmund Malik: MZSG-Seminar, August 2000

20 Fredmund Malik: MZSG-Seminar, August 2000

21 vgl. Franz-Rudolf Esch: »Verhaltenswissenschaftliche Erkenntnisse zur wirksamen Gestaltung integrierter Kommunikation«. In: Bruhn, Manfred/Schmidt, Siegfried J./Tropp, Jörg (Hrsg.): *Integrierte Kommunikation in Theorie und Praxis.* Wiesbaden: Gabler-Verlag, 2000

22 Dieter Herbst: *Public Relations.* Berlin: Cornelsen Verlag, 1997

23 vgl. Günter Bentele: »PR-Historiographie und funktional-integrative Schichtung. Ein neuer Ansatz zur PR-Geschichtsschreibung«. In: Szyska, Peter (Hrsg.): *Auf der Suche nach einer Identität. PR-Geschichte als Theoriebaustein.* Berlin: vistas, 1997, S. 137-139

24 vgl. Günter Bentele: »PR und andere Typen öffentlicher Kommunikation: Abgrenzungen«. In: *Berufsfeld Public Relations,* Berlin: PR Kolleg, 1998, S. 59-62

25 vgl. Roland Bickmann: *Chance: Identität.* Berlin/Heidelberg: Springer-Verlag, 1999

26 vgl. André Lundt: »Konstruktivismus«. In: Lundt, André (Hrsg.): *Kommunikation.* Berlin: PR Kolleg, 1998

27 vgl. Kurt Lewin: *Field Theory in Social Science. Selected Theoretical Papers.* New York, 1951

28 vgl. Johan Galtung/Mari H. Ruge: »The Structure of Foreign News«. In: *Journal of Peace Research* 2, 1965, S. 64-91

29 vgl. Eberhard Knödler-Bunte: *Öffentlichkeit und Gesellschaft.* Berlin: PR Kolleg, 1998

30 vgl. Eva-Maria Geiblinger: »Integrierte Kommunikation – wichtiger Faktor für den Erfolg von Unternehmens-Fusio-

nen«. In: Merten, Klaus (Hrsg.)/Zimmermann, Rainer: *Das Handbuch der Unternehmenskommunikation 2000/2001.* Köln: Deutscher Wirtschaftsdienst Neuwied, Kriftel: Luchterhand, 2001, S. 11-22

31 Dieter Herbst: »Corporate Identity«. In: Stark, Rita (Hrsg.): *PR-Anwendungsbereiche,* Berlin: PR Kolleg, 1999, S. 17-96

32 Roland Bickmann: *Chance: Identität,* Berlin/Heidelberg: Springer Verlag, 1999

33 vgl. Dieter Herbst: »Corporate Identity«. In: Stark, Rita (Hrsg.): *PR-Anwendungsbereiche.* Berlin: PR Kolleg, 1999, S. 17-96

34 Roland Bickmann: *Chance: Identität,* Berlin/Heidelberg: Springer Verlag, 1999

35 Dieter Herbst: *Corporate Identity.* In: Stark, Rita (Hrsg.): *PR-Anwendungsbereiche.* Berlin: PR Kolleg, 1999, S. 17-96

36 vgl. Ingrid Keller: »Braucht Ihr Unternehmen CI?« In: *Planung und Analyse,* Heft 9, 1984

37 Hermann Simon: »Kollision der Kulturen«. In: *manager magazin* Nr. 6, 1999, S. 96

Erfolgsfaktor Storytelling
Die Geheimnisse einer alten
Kunst neu entdeckt

Annette Simmons
Story-Faktor
Mit guten Geschichten Menschen gewinnen
Aus dem Amerikanischen von Ursula Held
280 Seiten
Gebunden mit Schutzumschlag
€ 19,90 / sFr. 35,20
ISBN 3-421-05589-0

Die Leute wollen nicht mehr Information. Sie sind abgefüllt mit Fakten. Was sie wollen, ist Glaube - Glaube an dich, an deine Ziele, deinen Erfolg. Dieser Glaube versetzt Berge, nicht die Tatsachen. Der Glaube aber benötigt eine Geschichte, an die er sich halten kann - eine gut erzählte Geschichte.

Das gekonnte Erzählen einer guten Geschichte ist das älteste und oft das am meisten überraschende Mittel, Menschen zu gewinnen und zu beeinflussen - sei es im Verkaufs- oder Vorstellungsgespräch, im Management oder bei der PR-Arbeit, wenn man motivieren, überzeugen und erfolgreich aufreten muß.

www.dva.de

Projektmanagement komplett: Entdecken und trainieren Sie Ihre Projektintelligenz

Bernhard M. Scheurer

Intelligentes Projektmanagement

PLANEN
WAGEN
GEWINNEN

DVA

Bernhard M.Scheurer
Intelligentes Projektmanagement
Planen Wagen Gewinnen
240 Seiten
Laminierter Pappband
€ 24,90 / sFr. 43,50
ISBN 3-421-05592-0

Die Fähigkeit, Projekte zu entwickeln und umzusetzen, die Projektqualifikation (PQ), läßt sich sowohl bei Individuen als auch bei Gruppen ermitteln und trainieren. Erfolg im Projekt wird auf Dauer nur der haben, der das Denken in Projekten beherrscht und eine spezifische Projektintelligenz entwickelt.

Der Autor liefert einen fundierten und ganzheitlichen Einstieg in die Projektarbeit und das Projektmanagent. Er beschreibt diejenigen strategischen Maßnahmen und Methoden, die sich in der Praxis als effektiv und zielführend bewährt haben.

www.dva.de